LINEAMIENTOS DE DERECHO PRIVADO

Coordinador

Sebastián Sal

Autores

Abadal - Barraza Hurtado - Chero - Escalada - Ferreira - Ibarra - Pereyra - Pio Capcha - Quispe

Abadal - Barraza Hurtado - Chero - Escalada - Ferreira - Ibarra - Pereyra - Pio Capcha - Quispe

---

ISBN: 9798831218848

INDICE

Introducción – Sebastián Sal	pág.5
Franquicias – Cinthia Quispe	pág.7
Leasing – Camila Pereyra	pág.41
Contratos Inteligentes – Pilar Abadal	pág.75
Contratos y Propiedad Intelectual. Caso Londra Farias – Damiana Ferreira	pág.99
Análisis jurídico de las Obligaciones y Obligaciones Negociables en moneda extranjera – Nicolás Matías Ibarra	pág. 125
NFT desde su Origen. Un análisis desde la perspectiva de Derechos de Autor – Joaquín Escalada	pág.153
Sociedad de Responsabilidad Limitada – Diego Chero	pág.173
Derechos y Deberes de los Socios – Sebastián Barraza Hurtado	pág.203
Delitos Societarios – Briggithe Stefany Pio Capcha	pág.223

Abadal - Barraza Hurtado - Chero - Escalada - Ferreira - Ibarra - Pereyra - Pio Capcha - Quispe

---

INTRODUCCIÓN
Por Sebastián Sal[1]

El presente trabajo es una compilación de textos realizados por alumnos de Contabilidad, Administración de Empresas y Actuarios que cursaron la materia "Instituciones de Derecho Privado" en la Facultad de Ciencias Económicas de la Universidad de Buenos Aires en el segundo semestre del año 2021.

Por eso los trabajos, si bien tratan de temas legales, no se refieren exclusivamente a ellos - si bien se analiza la ley aplicable - ya que están orientados mayormente a temas comerciales, de negocios o de emprendimientos.

Algunos de estos temas son novedosos. Otros revisan cuestiones más conocidas, pero desde una diferente óptica.

En ese momento, por la pandemia COVID, aún existía la imposibilidad de realizar la totalidad de las clases

---

[1] Doctor en Ciencias Económicas (Administración Pública) (FCE UBA, 2020), LLM University of Pennsylvania (1997), Abogado (UBA, 1984); Socio de "Sal & Morchio – Abogados-". Profesor Adjunto FCE –UBA – Instituciones de Derecho Privado – y Post Grado – MBA y MiPymes, Profesor en Hochschule Fulda (Alemania) - University of Applied Sciences –Business School. Materia: "International Business Law". –Mail: sal@morchio.com.ar

presenciales, lo que es un doble mérito para estos "alumnos autores".

Por mi parte, fue un gran gusto tenerlos en mi curso y ser su tutor en estos trabajos. La docencia es un trabajo desafiante donde todos los días el profesor aprende algo nuevo por parte de los alumnos que a veces cuestionan cosas sencillas que nos hacen repensar conceptos (o mejor dicho preconceptos) que todos tenemos arraigados y damos por ciertos.

Espero que ustedes disfruten de la lectura de estos artículos, al igual que lo hice yo.

FRANQUICIAS.
Por Yanina Cintia Quispe[2]

Concepto de franquicia -Bases jurídicas - Significado económico del contrato de franquicia - Las marcas de una franquicia - Analizar las finanzas - Franquicias internacionales - Franquicias en tiempo de pandemia - Marketing de las franquicia

Introducción

La franquicia es un modelo de negocio que se utiliza en todo el mundo, que básicamente consiste en la producción en cadena de un modelo comercial exitoso. Dentro de sus principales características encontramos el uso compartido de la marca del otorgante, la transferencia de know-how, la asistencia técnica, la colaboración permanente entre las partes, y la independencia jurídica y económica de ellas.

Analizaré las ventajas y desventajas que puede tener una franquicia y las obligaciones del franquiciante y franquiciado

Además, hare mención a las franquicias internacionales y, por último, explicaré como se ve afectada la franquicia en tiempo de pandemia.

---

[2] Estudiante de Administración de Empresas FCE UBA (2017), egresada de del colegio secundario Maria de Galvano N°9, Pilar, PBA. Mail: cintiaquispe36@gmail.com

1. Concepto de Franquicia

Podremos definir al *Franchising* o contrato de Franquicias como el contrato por el que se transfiere un método para administrar un negocio al que se le concede un monopolio territorial de uso y explotación de un producto o servicio identificado con la marca comercial del otorgante y sujeto a su estricto control.

Aquí una de las partes le provee a la otra el "know how" de un negocio determinado. El otorgante (o franquiciante) maneja ese "know how" y se compromete a colaborar con el franquiciado para que éste ponga en marcha un negocio determinado de acuerdo con el método ya probado por el franquiciante.

El franquiciante debe encargarse de la provisión, distribución y organización del negocio del franquiciado. Por ejemplo, si la franquicia es de ropa, el franquiciante deberá entregarle las prendas a vender, explicarle como deberá exponer la misma en el local, como decorar el mismo, el tipo de uniforme que utilizaran los vendedores, el precio de venta.

También permitirá al franquiciado el uso de derechos de propiedad industrial o intelectual y entrenará al mismo o a sus empleados para que puedan brindar el servicio en cuestión.

Además, debe asistir al franquiciado en forma activa y permanente y continuar el desarrollo del sistema constantemente, introduciendo los cambios que crea necesarios a fin de mejorar el servicio. Es por ello por lo que este contrato puede ser considerado como un contrato de colaboración comercial.

Según Ucha (2016) la franquicia es un tipo de contrato en el que una empresa cede a otra los derechos a la comercialización de ciertos productos o servicios dentro de un ámbito geográfico, determinado y bajo ciertas condiciones, esto a cambio de una compensación.

El sistema de franquicias permite a la empresa franquiciante crecer con capital de terceros, generando una rápida economía de escala y aprovechando todo su saber, hacer y experiencia, comúnmente denominada know-how, que otorga al franquiciado dándole un lugar de privilegio en un mercado competitivo, con el respaldo de un negocio probado y exitoso, con una marca reconocida, con un producto aceptado y el saber hacer diferencial. De esta manera, que el franquiciado desarrolla la actividad comprendida en la franquicia utilizando la marca y sistema del franquiciado; siempre y de acuerdo con sus especificaciones cumpliendo a cambio con las contraprestaciones acordadas que incluyen: aportes económicos como canon de ingreso y regalías mensuales que recibirá el franquiciante (Guía Argentina de Franquicia, 2018)

El Código Civil y Comercial de la Nación (CCyCN) describe este tipo de contrato el en artículo 1512 mencionado que hay franquicia comercial cuando una parte, denominada franquiciante otorga a otra, llamada franquiciado el derecho a utilizar un sistema probado, destinado a comercializar determinados bienes o servicios bajo el nombre comercial, emblema o la marca del franquiciante, quien provee un conjunto de conocimientos técnicos y la prestación continua de asistencia técnica o comercial contra una prestación directa o indirecta del franquiciado. El franquiciante debe ser titular exclusivo del conjunto de los derechos intelectuales, marcas, patentes, nombres comerciales y derechos de autor comprendidos en el sistema bajo franquicia; o, en su caso tener derecho a su utilización y transmisión al franquiciado en los términos del contrato. El franquiciante no puede tener participación accionaria de control directo o indirecto en el negocio del franquiciado, ya que de ser así serían socios.

La uniformidad de las normas impuestas por el franquiciante a los franquiciados que integran la red, sobre sistemas de comercialización y formas de atención y de presentación de los establecimientos, permite la creación de una imagen de distribución imprescindible hoy en día en cualquier cadena de expendio al público que pretenda adquirir confiabilidad.

1.1- **Tipo de franquicias**
- **Franquicia industrial:** consiste en el derecho que otorga el franquiciante al franquiciado para producir y/o

distribuir un producto bajo la marca comercial. En este tipo de franquicia, el franquiciante transfiere procesos y estrategias que permitan replicar el negocio, patentes del producto y licencias para el uso de la marca.

- **Franquicia de formato de negocio:** se otorga al franquiciado el derecho a hacer una réplica de un negocio, incluyendo los productos y servicios, marca comercial y modelo de operación.

- **Franquicia de servicio:** es aquella cuyo objeto es la prestación de un servicio al cliente final, en esta franquicia se transmite el know how de franquiciado, se trata de ofrecer un método o forma de trabajo marcado por el franquiciado. (Pelton 1999)

- **Franquicia de distribución:** El franquiciante actúa como una central de compras que adquiere todo los productos necesarios y que reparte exclusivamente a la red de franquiciados. (Dossier informativo, 2001)

2. Bases Jurídicas

El franquiciante puede ser una persona física o jurídica. Por lo general una franquicia vende los bienes/servicios que son suministrados por el dueño de la marca que cumpla con determinados estándares de calidad. (Franquicias, 2015)

2.1- Ventajas de las Franquicias

- No requieren de tanta inversión inicial como podría suceder cuando se inicia un negocio, y una marca desde cero.
- Suelen tener un crecimiento rápido ya que es una marca conocida previamente, y normalmente traspasa fronteras.
- Existe un menor riesgo comercial y financiero tanto para el franquiciante como para el franquiciado. El éxito de explotar una marca y negocio ya conocido y exitoso, y escoger un lugar adecuado para ello suele ser sinónimo de garantía.
- La obtención de economías de escala es otro punto a favor de poner en marcha una franquicia.
- Existe una gestión más eficaz desde el punto de venta
- El negocio ya está testeado en el mercado por lo que se eliminan las sorpresas desagradables que puedan suceder, al trabajar sobre algo probado y seguro.
- La financiación suele ser una de las ventajas, ya que existen facilidades para todos aquellos que quieran explotar la marca.
- La formación inicial es otro de los añadidos, ya que, al existir la franquicia en el mercado, se ofrece en su mayoría la posibilidad de dar cursos de adaptación para seguir las reglas establecidas, o similares que existen en el resto de los establecimientos.
- Las franquicias nuevas se ven favorecidas por la publicidad ya creada y existente de las que están consolidadas en el mercado.
- La ayuda a la hora de la localización, y emplazamientos con garantía cuando se pretende abrir un nuevo local.

- El estudio y la creación de nuevos productos/servicios que serán extensibles al resto de las franquicias.
- Existen menos riesgos a la hora de poner en marcha un negocio de estas características.

2.2. – Desventajas.

Obviamente en todo negocio hay riesgo. Por ello, a pesar de las ventajas mencionadas también existen desventajas en este sistema, a saber:

- El franquiciado no tiene la posibilidad de ser creativo, o aplicar detalles distintos que puedan variar o confundir la marca a la que está explotando. todo se encuentra definido en primera instancia, y ha de seguir las indicaciones pertinentes: imagen, mensaje, características del local, vestuario del equipo humano, productos/servicios que están a la venta. (Piero, 2020) [7]
- Si existen locales que no tienen un buen rendimiento, o no están teniendo el éxito esperado pueden perjudicar al resto de establecimientos franquiciados, o debilitar a la marca.
- Las redes sociales son otro punto de disputa ya que normalmente suele existir una presencia general de la marca, y el resto de los establecimientos crean su propia presencia online. En algunas ocasiones pueden existir problemas de coherencia, publicaciones diferentes, atención al cliente, por lo que la presencia en las redes sociales de la propia marca y sus franquicias.

- El franquiciado está controlado permanentemente por el franquiciante, o por su equipo para valorar lo que está haciendo en su establecimiento a la hora de explotar su propia marca.
- El franquiciado debe tener en cuenta desde el principio que no es propietario de la marca, y está limitado a la hora de hacer cualquier cambio sobre ella.
- Las decisiones principales y que afectarán a todas las franquicias siempre partirán del franquiciante.
- El franquiciado queda cautivo de la compra de productos al franquiciante, lo que reduce su capacidad de negociación y de bajar costos.

3. Significado económico del contrato de franquicia

Desde un punto de vista económico, la franquicia ha sido definida como un sistema de comercialización de productos, servicios y/o tecnologías, basado en una colaboración estrecha y continua entre empresas jurídicas y financieras, distintas e independientes.

En esta relación comercial, el franquiciante otorga a sus franquiciados el derecho a explotar su idea de negocio con la obligación de hacerlo de conformidad con el concepto y criterios del franquiciador; este derecho otorgado autoriza al franquiciado a la utilización de las, marca de los productos/servicios y demás derechos de propiedad intelectual que posea el franquiciante, a cambio de una contribución económica directa o indirecta pactada dentro del marco legal de un contrato escrito y firmado por ambas partes. (Burgos Pavón, 2014)

En efecto, el sistema de franquicia consiste en una técnica empresarial por la que la empresa franquiciadora, concentra y centraliza el capital intangible de la red de franquicia (know-how, signos distintivos, patentes, derechos de autor, diseño de productos, dirección de política comercial, técnicas de venta, publicidad, marketing), descentraliza, sin embargo, aquellos otros elementos que elevan el coste medio del producto o servicio, sobre todo, el factor trabajo. (Sánchez, 2000)

3.1 Funcionamiento Económico de la franquicia

A fin de comprender el significado económico de la franquicia, analizaré otros conceptos básicos que subyacen al primero como el know how y los diferentes cánones, elementos que va a tener presente en la configuración del contrato de franquicia. (Burgos Pavón, 2014)

En ese sentido el sistema de franquicias recurre a pequeños empresarios independientes, estimulados por la asunción de propio riesgo empresarial (normalmente menor que el de un negocio independiente de similar inversión), pero grandemente controlados por la empresa franquiciadora en su comportamiento de mercado.

El control se justifica con el fin de salvaguardar la uniformidad en la comercialización de los productos o en la prestación de servicios. (Paz Ares, 2013) que el público ya identifica con la marca que los distingue, por el rótulo del establecimiento en que puedan encontrarse, por el nombre comercial de la empresa franquiciadora y por el know how presente en su fabricación o distribución.

Es ventajoso para ambas partes tener un negocio de éxito. Obviamente, cuanto más vende el franquiciado más gana. Lo mismo para el franquiciante, ya que, si las ventas del franquiciado aumentan, también se incrementarán sus regalías. Cuanto más exitoso y prestigioso el negocio mayor ganancia para ambas partes.

4.- Las marcas de las franquicias

En las franquicias se otorga un derecho al uso y explotación de una marca y todo lo que ella conlleva. La marca es un signo que permite a los empresarios distinguir sus productos/servicios frente a los competidores. En esta definición nos refiere que el objeto de la marca es precisamente distinguir los productos y servicios iguales o similares en el mercado (Martin, 2017)

El concepto de la marca corresponde a un nombre o señal el cual identifica un producto o servicio entre los diferente competidores, también las empresas son capaces de diferenciar y entregar rasgos específicos y únicos de sus productos a los consumidores, donde al final con estas características promueven confianza, precio y calidad al consumidor. (Farfán 2016)

Este es uno de los elementos esenciales del contrato de franquicia, ya que, la marca es un valor agregado que se obtiene del reconocimiento y el prestigio que esta posea en el mercado, posicionado el negocio o producto en la mente de los consumidores. Es importante recalcar que la marca en cualquier signo es apta para distinguir productos/servicios en el mercado. (Farfán, 2016)

4.1 - El know-how

Es el conjunto de experiencias y saberes que permiten hacer funcionar un negocio, debe estar debidamente documentado a través de un manual de operaciones que incluye aquellos aspectos que le permiten a la empresa ser lo que es. (Castaño, 2017)

Este elemento de contrato de franquicia es precisamente el valor agregado de la empresa dentro de un mercado. Se define al know how, como la experiencia secreta sobre la manera de hacer algo único, acumulando con un arte o técnica susceptible de cederse para ser aplicada en el mismo ramo con eficacia. (Restrepo, 2018).

5.- Las Regalías

Es la modalidad de pago del franquiciado hacia el franquiciante por el derecho a hacer negocios bajo el nombre y marco del que posee dicha patente de una organización. (Perez, 2017). La patente o derecho está relacionado directamente con el precio que se paga por la transferencia y licenciada por el know how, y la marca. Se realizan pagos periódicos como cada mes o según lo pactado, del franquiciado al franquiciante.

Cuando los franquiciadores consideran estimar que estos activos intangibles son muy valiosos y únicos, cobran mayores montos por derecho de entrada al nuevo franquiciado que refleje el valor de estos activos. (Gaytan & Flores 2018)

6.- Asociarse/comprar una franquicia

La decisión de asociarse o comprar una franquicia es importante, puede ser muy recompensante, pero también puede ser todo lo contrario. El modelo de franquicias es poderoso, pero no es perfecto, por eso, aunque sea muy bueno, el modelo no es para cualquiera. (Libava, 2018).

Cuando se desea adquirir una franquicia, el franquiciado puede operar un negocio y vender bienes/servicios con un nombre reconocido, en un formato o sistema desarrollado y probado por el franquiciante, junto con la capacitación y apoyo para operarlo, pero al igual que todas las inversiones, involucra un riesgo financiero. Los franquiciados deben comprometer dinero y tiempo, y deben operar de acuerdo con las reglas del franquiciante. (Alcázar, 2010)

7.- Obligaciones conjuntas de las Partes

Las dos partes (Franquiciante y Franquiciado) deben comunicar cualquier transgresión del contrato estipulado, deberán solucionar mediante negociación directa, leal y razonable sus quejas, litigios y debates. (Alcázar, 2010). El constante intercambio de comunicación entre las partes es esencial en este sistema comercial.

7.1- Obligaciones del Franquiciante

Entre otras podemos encontrar:

- Disponer de una marca, producto o servicio debidamente registrado e introducido en el mercado.
- Saber transmitir a sus franquiciados el Know how de la franquicia.
- Contar con la infraestructura suficiente para proporcionar el servicio adecuado a las necesidades.
- Estar presente en redes sociales e internet de forma activa. De hecho, la publicidad de la marca y/o negocio está normalmente centralizado en sus manos.
- Estar asesorado permanentemente de los últimos avances, tanto a nivel técnico como de marketing.
- Saber evaluar las diferentes zonas geográficas.
- Tener capacidad financiera y solvencia profesional.
- Disponer de tiendas piloto, como mínimo 3 que demuestren la rentabilidad de la franquicia al franquiciado.
- Dedicar esfuerzos potentes para incrementar la notoriedad de su marca.
- Garantizar a sus franquiciados unos servicios permanentes de seguimiento, comunicación interna, investigación, apoyo y marketing.

- Su contrato debe respetar el equilibrio entre las partes y defina claramente las reglas, y
- Asumir en todos los terrenos un compromiso total con sus franquiciados.

Asimismo, el franquiciante debe encargarse de la provisión, distribución y organización del negocio del franquiciado. Por ejemplo, si la franquicia es de ropa, el franquiciante deberá entregarle las prendas a vender, explicarle como deberá exponer la misma en el local, como decorar el mismo, el tipo de uniforme que utilizaran los vendedores, el precio de venta.

También permitirá al franquiciado el uso de derechos de propiedad industrial o intelectual y entrenará al mismo o a sus empleados para que puedan brindar el servicio en cuestión.

Además, debe asistir al franquiciado en forma activa y permanente y continuar el desarrollo del sistema constantemente, introduciendo los cambios que crea necesarios a fin de mejorar el servicio. Es por ello por lo que este contrato puede ser considerado como un contrato de colaboración comercial

7.2.- Obligaciones del Franquiciado

Por su lado, el Franquiciado deberá:

- Disponer de un local adecuado para desarrollar la actividad comercial,

- Tener solvencia económica y profesional,
- Disponer de recurso humano – por él contratado – para ejercer la franquicia otorgada,
- Demostrar capacidad de entusiasmo y entrega frente a la experiencia que, dependiendo de los casos, llega a no ser necesaria.
- Respetar y seguir la política comercial de la red, común a todos los franquiciados
- Abonar el precio pactado por el uso de la franquicia en lugar, tiempo y forma acordada,
- Disponer de la organización necesaria para prestar servicios, tanto a la actividad propia de la franquicia como a lo demandado por el franquiciante y que en su día fue recogido en el manual del franquiciado.
- Que sus relaciones con el franquiciante estén basadas en la honestidad de sus acciones y en un trato de mutua confianza y
- Contribuir al éxito de la red estudiando y resolviendo juntamente con el franquiciante los problemas que pueda.

El franquiciado deberá actuar a nombre y riesgo propio, toda vez que el franquiciado y el franquiciante son económica y jurídicamente independientes –. Este principio se encuentra discutido en numerosos algunos fallos laborales, que han extendido la responsabilidad al franquiciante-[3].

---

[3] En los contratos de franquicia comercial se establece un control y una reglamentación rígida a cambio del uso de una marca y de asistencia técnica brindada al franquiciado. Sin embargo, ello no permite decir que -en su modalidad típica- se

Es del caso poner de manifiesto que el franquiciado está sujeto en su accionar a las indicaciones del franquiciante. Esto se puede corroborar con sólo ver, por ejemplo, los locales de comida rápida que en su mayoría son franquicias. Uno observa que los empleados visten en todos los locales con la misma ropa, venden los mismos productos, atienden de la misma manera, tienen los mismos precios, la disposición de los locales es similar, etc.

8.- Analizar Las Finanzas de una Franquicia

Antes de darle el sí a una marca, se debe hacer una evaluación de su historial y situación económica. La información financiera que una empresa nos pueda brindar es si el negocio cubre tus expectativas económicas. (Alcázar, 2011).

8.1 ¿Cómo decidir una franquicia para nuestro interés?

Para saber si una franquicia conviene o no hay que analizar los siguientes elementos:

---

trate de una figura de las protegidas por el orden público laboral. (TS Córdoba, sala laboral, agosto 30-996. - Statopulos, Esteban J. c. Sancor Coop. Unidas Ltda.) LLC, 1997-499.

- Investigar la fuente: implica que al recibir la información financiera de una franquicia se debe preguntar cuál es la fuente de información; por ejemplo, si se trata de un promedio histórico o sobre que se fundamentan los estimados que se presentan.
- Inversión inicial: los conceptos y cantidades totales a invertir, revisando sus alcances. en esta información deberemos incluir gasto preoperativos, de construcción o acondicionamiento del local, equipamiento de la unidad, inventario inicial, publicidad de arranque y capital de trabajo
- Pagos a la empresa franquiciante: la información económica de una franquicia debe incluir en forma clara las contraprestaciones por la licencia de uso de marca, la transferencia de tecnología y la asistencia técnica que recibirá como franquiciado. siendo más claros, nos referimos al monto de la cuota inicial de franquicia, las regalías y/o a la cuota de publicidad.
- Flujo o proforma: una franquicia rentable no tendrá ningún inconveniente en informar en sus prospectos cuestiones relativas a la proyección de los ingresos y egresos del negocio, que pueden ser calculados en forma mensual o un flujo de efectivo por cierto periodo de tiempo, por ejemplo, semestral, anual, etc.
- Comparar y analizar: en cuestión de negocios analizar los números estimados de la franquicia.

8.2.- **Franquicias internacionales.**

Consiste en la cesión de producto/servicio, así como los nombres, marcas comerciales y el know how sobre los procedimientos de gestión y comercialización de un negocio a un empresario (persona humana o jurídica) residente en el exterior. Las franquicias han tenido una gran expansión y son cada día más las empresas que utilizan esta vía de internacionalización. (Franquicia internacional, 2017)

Generalmente el franquiciante obtiene sus ingresos mediante 3 vías.
- Canon de entrada: es la cantidad que debe pagar el franquiciado cuando se incorpora a la red.
- Canon operativo: el franquiciado paga periódicamente por el mantenimiento de la operativa diaria. es el que normalmente, representa mayores ingresos para el franquiciante y también el que tiene mayores dificultades para su control.
- Canon publicitario: si para financiar las acciones publicitarias comunes a todos los franquiciados.

La Asociación Internacional de Franquiciadores (IFA) que agrupa a más de 1500 empresas. Las relaciones de los franquiciantes con los franquiciados internacionales se regulan a través de Contrato Internacional de Franquicia.

8.3 - Tipos y elementos de la franquicia internacional.

Hay varias posibilidades para la internacionalización de un sistema de franquicia. El enfoque consiste en que el franquiciante cree una compañía filial en el país donde se quiere desarrollar la franquicia o el nombramiento de un *Master* Franquicia que organice una red nacional de franquicias.

Las alternativas más comunes para las franquicias internacionales son las siguientes:

- Contratos internacionales de franquicia (unidades individuales)

En este tipo de acuerdo, el franquiciante otorga al franquiciado el poder exclusivo de distribuir sus productos/servicios en establecimientos que están equipados y amueblados, así como el derecho a usar los derechos de propiedad intelectual (marcas comerciales, logos, anuncios de publicidad).

- Contrato de *Master* Franquicia

Se trata de un acuerdo entre el franquiciador y un *Máster* Franquicia, que permite al *Máster* poseer y operar más de una unidad, así como el derecho de subfranquiciar a otras empresas independientes durante un tiempo específico en el territorio delimitado en el contrato.

Con ello el franquiciante expand la franquicia a través de un máster que normalmente está mucho más informado y conectado con la cultura y los negocios del territorio designado. Sin embargo, el franquiciante pierde una parte sustancial del control sobre el sistema ya que mediante la transferencia de responsabilidad se dificulta la aplicación de los estándares de calidad y prestación del servicio, según explica Llamazares (2017).

- Representantes de área:

Otra alternativa es contratar representantes de Área que firman un acuerdo de representación con el franquiciante para actuar como intermediarios y los franquiciados. A diferencia del *Máster* franquicia, el representante del área no actúa en su nombre, sino en nombre y representación del franquiciante. La relación de franquicia se establece directamente entre el franquiciante y el franquiciado.

- Joint ventures y filiales

La última alternativa para los franquiciadores es establecer en el mercado objetivo una filial sobre la que tienen todo el control o una empresa conjunta con un socio local que tenga el conocimiento del mercado con el fin de compartir riesgos y experiencias para establecer y desarrollar el sistema de franquiciante. Finalmente, debe tenerse en cuenta que, al redactar un contrato de franquicia internacional, el objetivo principal es lograr un equilibrio entre los intereses del franquiciante y los del franquiciador, teniendo en cuenta las obligaciones principales del contrato. (Llamazares 2017)

9.- Franquicias en Latinoamérica

Las franquicias en Latinoamérica han sido adoptadas y utilizadas como un modelo exitoso de expansión empresarial y generación de empleo desde varias décadas. Tal como se ve en la figura 1, países de todo el mundo han presentado una adopción muy importante de la franquicia como estrategia por implementar en el comercio internacional.

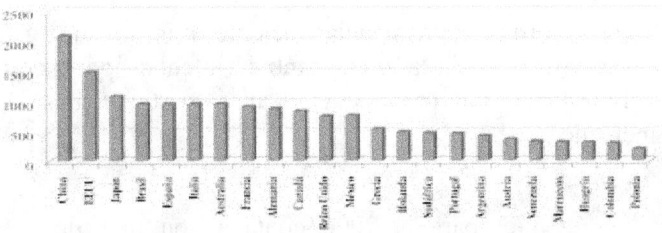

Países con mayor número de franquiciantes en su territorio (elaboración de los datos publicados en 2008 por la International Franchise Association)

Se puede observar que el desarrollo de la mayor cantidad de franquicias se da fuera del área Latinoamérica;

tal es el caso de España que ha desarrollado más 500 franquicias nacionales, generando más de 15000 empleos en dicho país. (CPF,2012)

Sin embargo, el tema de las franquicias no es exclusivo de los países desarrollados. desde hace varios años Latinoamérica va haciendo camino con una evolución más vistosa en países como: Brasil, México, Chile, Colombia y Argentina. Igualmente, Latinoamérica es muy buscada por franquicias de sociedades establecidas en los Estados Unidos de Norteamérica donde estas representan más del 35% de las ventas al detalle (Kotler,2001).

Pero una tendencia reciente muestra que las empresas en América latina también intentan, por medio del sistema de franquicias, ganar participación de mercado.

- Chile: para el 2006 contaba con más de 130 franquicias nacionales, con más de 2.300 locales franquiciados, que generaban ventas de más de $570 millones y más de 25000 puestos de trabajo. (Pinaud, 2010)

- Colombia: cuenta con 250 franquicias, que generan 40.000 empleos (Mosquera, 2010) este país posee más de 5 cámaras que promueven el concepto de franquicia.

- México: cuenta con más de 340 franquicias registradas de capital mexicano y ventas por más de 8 mil millones de dólares al año. (Alba, 2010). Curiosamente, solo el 70% de estas franquicias cumple con todas las cualidades de este formato de negocio.

- Perú con más de 48 franquicias peruanas (Edery, 2010, factura más de 300 millones de dólares (Higueras,2000) y genera más de 10.000 mil puestos de trabajo.

- Venezuela: cuenta con 100 franquicias venezolanas, con un total general de 185 franquicias entre nacionales y extranjeras, con más de 3.000 puntos de ventas. (Fernandez, 2001)

- Argentina: posee en este sistema alrededor de 350 empresas, de las cuales el 89% corresponde a nacionales. la generación de empleos entre locales propios y franquiciados es de 58671.

- Brasil: según la asociación brasilera de franquicias, en el 2009 las franquicias facturaron 43000 millones de dólares, lo que hasta hoy ha generado más de

500000 empleos; Brasil cuenta con más de 50 franquicias que operan en el extranjero y éstas apenas representan aproximadamente el 5% del total de franquicias de su economía.

10.- Franquicia en tiempo de pandemia

Si bien no escaparon a la crisis que sufrieron casi todos los sectores de la economía en 2020 con la crisis que generó el Covid-19, las franquicias lograron transitar con mayores niveles de inmunidad que los comercios independientes. En un año de pandemia los puntos de venta de las primeras mostraron, al menos una disminución de apenas de un 7% en términos netos, frente a un 22% de cierres entre los segundos, según las cifras de la Asociación Argentina de Marcas y Franquicias (AAMF), y de Federación de Comercio e Industria de la Ciudad de Buenos Aires (FECOBA).

Factores como la economía de escala, la asistencia continua por parte de los franquiciantes, sumada a la rápida adaptación a la virtualidad y a las ventas online, llevaron a que el sistema de franquicias soportara la peor crisis económica en veinte años. Pero el fenómeno también se explica por la aparición de propuestas innovadoras que "rompieron el molde" para adaptarse con celeridad a la "nueva normalidad", muchas de las cuales terminaron potenciando el negocio. (Marino 2021)

11.- Marketing

El marketing en una franquicia tiene un objetivo principal: es vender la franquicia misma a más clientes. Para ello, es necesario utilizar un lenguaje, unos medios, soporte y canales para poder atraer candidatos hacia cada una de las marcas.

Representa la suma de múltiples acciones del marketing, y comunicación especializadas, que permite acceder rápidamente a emprendedores e inversores. El objetivo principal es conseguir un amplio número de referencias de candidatos e inversores cualificados acorde al perfil deseado y lograr el máximo rendimiento con el mínimo presupuesto. (Tormo, 2020). En el proceso de expansión y/o internacionalización, se pretende relacionar una lista exhaustiva de criterios, que cuenta con algunos aspectos clave para tener en cuenta un plan del marketing de una franquicia:

- Desarrollar un estudio de mercado: para conocer los detalles, la viabilidad del proyecto en un mercado determinado y poder determinar el modelo de negocio de la franquicia.

- Formalizar la información, sobre la inversión total a los franquiciados: que abarquen el precio inicial por adquirir la franquicia y los gastos de operación futura como pago a proveedores, oficina, teléfono, entre otros.

- Diseñar e implementar campaña de promoción, sea la generación de valor para los franquiciados: las ventajas de adquirir una franquicia, criterios para seleccionar, estrategias de crecimiento y desarrollo.

- Definir estándares de diseño e imagen: para asegurar que los franquiciados reciban la misma calidad de productos y servicios en cada establecimiento.

- Diseñar e implementar un manual de imagen corporativa: ya que la imagen global corporativa es uno de los puntos fuertes del sistema, su personalidad diferenciadora frente a otros negocios de distribución comercial. (Berenstein, 2017)

11.1. Marketing de información para la captación de franquiciados.

Para captar nuevos franquiciados se realizan también campañas de marketing. Estas campañas se dirigen a personas en búsqueda activa de empleo- que quieren transformarse en emprendedores, o bien inversores que no van a estar al frente del negocio, pero buscan obtener beneficios. (Quiles, 2014)

Los directores de marketing utilizan los siguientes materiales de promoción en sus empresas:

- Campaña de publicidad: las empresas analizan y realizan campañas de publicidad pagadas, exclusivamente dirigidas a la captación de franquiciados.

- Instrumentos de marketing: los instrumentos de marketing y medios publicitarios utilizados por las empresas en estas campañas de captación son: portales web de periódicos online, medios especializados en el sector de actividad de la empresa, prensa, general o económica, redes sociales profesionales, acciones de marketing directo (presentaciones personalizadas, cartas, y bases de datos), asistencia a ferias de franquicia, entre otras.

11.2- **Marketing de información para el cliente**

Aquí la información se dirige al cliente final. El director de marketing también planifica promociones publicitarias y utilizan técnicas que ofrecen información a los clientes y que cuentan con diversos instrumentos tales como:

- Campaña de marketing promocional: se planifica y ejecuta una campaña de marketing promocional para la apertura de cada establecimiento

- Promociones: Otra de las acciones de marketing de información para los clientes finales son las promociones.

- Datos de los clientes: el siguiente aspecto a analizar fue si las empresas recogen los datos de sus clientes (teléfono móvil, email, etc.) con la finalidad de poseer formas de contacto directo con ellos para informarles de promociones, acciones de marketing directo, u oferta. (Monserrat, 2014)

Conclusión

La franquicia cuenta con varios factores por el cual, está constituida con las bases jurídicas que se conforma, con la seguridad a la inversión que demuestra la incorporación a los mercados, por el cual se cumpla con su modelo de calidad y se pueda vender los bienes/servicios.

Contamos con un modelo de negocio que impulsa el crecimiento y desarrollo empresarial que otorga grandes ventajas y algunas desventajas a la hora de realizar una inversión. El hecho de contar con una franquicia genera utilidades y beneficios tanto como para el franquiciante como para el franquiciado, es decir el franquiciante obtiene un crecimiento de la marca que posee y el franquiciado ingresa a un negocio que ya está posicionado en el mercado.

Al poder desarrollar el marketing y otras áreas relevantes como la finanzas, marcas, etc. se ve reflejada la importancia que tiene en una franquicia, al momento de poder emprender o de formar parte de una franquicia y tener un éxito en la empresa, lo que es un gran desafio.

Referencias Bibliográficas y Artículos:

-Berenstein, Marcelo (2017):
https://emprendedoresnews.com/tips/franquicias/marketing-franquicia-marca.html- .

- Burgos Pavon, Gonzalo, M.S, "La franquicia", Edición Pirámide, 2014, pág.26

- Cámara de Comercio de Castellón, "Las franquicias", Dossier Informativo, 2001

- Castaño, Eduardo (2017) "Caracterización de la inversión" https://bibliotecadigital.udea.edu.co/bitstream/10495/9058/1/MesaRamon_2017_ModeloCualitativoEstudiar.pdf

- Farfán Escobar, Manuel, (2016). "Evolución y descripción de los modelos de personalidad de marca en Latinoamérica." http://www.scielo.org.co/pdf/diem/v14n2/v14n2a07.pdf

- Fernandez, M. (2001) "Estudio de mercado, las franquicias en Venezuela" https://es.scribd.com/doc/38925540/Estudio-de-Mercado-de-Franquicias

- Franquicias Hoy. El marco jurídico en la franquicia, Franquicias (2015) https://www.franquiciashoy.com/recursos/notifranquicias/el-marco-juridico-en-la-franquicia

- Gaytan, M. & Flores, C. (2018) "Factores determinantes en la adopción de las prácticas de responsabilidad de social empresaria" https://www.redalyc.org/articulo.oa?id=322359389002

- Global Negotiatior - Franquicias internacionales: https://www.globalnegotiator.com/

- Guía Argentina de Franquicia. https://www.gaf-franquicias.com

- Higueras, A (2000) "Estudio de mercado sobre franquicias en el Perú" https://docplayer.es/4914143-Estudio-de-mercado-sobre-franquicias-en-el-peru.html

- Kotler, P (2001) "Dirección de marketing" https://www.montartuempresa.com/wp-content/uploads/2016/01/direccion-de-marketing-14edi-kotler1.pdf

- Llamazares, Olegario, (2017): https://www.globalnegotiator.com/

- LIbava, Joel (2018): https://www.entrepreneur.com/

- Lluch Carsi, Ángeles, (2017) La teoría de los recursos. https://www.contabilidadtk

- Marino, Juan Pablo (2021): "Franquicias: las claves de un modelo de negocios que se potenció y surfeó la pandemia" https://www.ambito.com/ambito-biz/ambito-biz/franquicias-las-claves-un-modelo-negocio-que-se-potencio-y-surfeo-la-pandemia-n5260108

- Martin, Jose, (2017) "La importancia de la marca en una franquicia" https://consultafranquicias.es/la-importancia-la-marca-la-franquicia/

- Monserrat, Gauchi, Juan (2014). "como elaborar un plan estratégico para la captación de comunicación"

- Mosquera, F. (2010) La franquicia: "Una estrategia de crecimiento empresarial" https://www.eafit.edu.co/revistas/revistamba/Documents/franquicia-estrategia-crecimiento-empresarial.pdf

- Pelton, Lou. E, (1999), "Canales de marketing y distribución comercial" https://repository.eafit.edu

- Perez, R (2017) "La franquicia y su investigación y negocio"

- Peiró, Rosario, (2020), "Ventajas y desventajas de la franquicia" https://economipedia.com/cultura/ventajas-y-desventajas-de-las-franquicias.html

- Pinaud, N (2010). "El mercado de las franquicias en Chile. Experiencia exitosa del sector franquicias brasilera y oportunidades para Chile"

- Quiles, Soler, Maria (2014). "La innovación en las estrategias en las captación de franquiciados" https://www.researchgate.net/publication/271440641_La_innovacion_en_las_estrategias_para_la_captacion_de_franquiciados

- Restrepo Navarro, Mauricio Javier (2018) "El contrato de franquicia: la dimensión jurídica de una realidad económica" https://revistas.unilibre.edu.co/index.php/derectum/article/view/4710/4020

- Sánchez, Lázaro (2000), "El contrato de franquicia" https://eprints.ucm.es

- Tormo, Eduardo (2020): https://www.tormofranquicias.es/

- Ucha Piero, Alfonso, (2016). "La franquicia" https://economipedia.com/definiciones/franquicia.html

Abadal - Barraza Hurtado - Chero - Escalada - Ferreira - Ibarra - Pereyra - Pio Capcha - Quispe

LEASING
Por Camila Pereyra[4]

Concepto general - Características principales - Elementos. Parte y sus obligaciones, objeto, canon, precio de opción de compra - Clasificacion de los contratros de Leasing - Efectos entre partes - Introducción del Leasing en Argentina- Derecho comparado – Registración - Ventajas y desventajas del sistema de leasing - Contrato de leasing y contratos conexos - Leasing desde el punto de vista económico- -Comparacion de contrato de Leasing con contrato de locacion - Cancelación de los contratos de Leasing -

Introducción

Los agentes económicos que cuentan con recursos de capital estudian el mercado para hacer inversiones asegurando su rentabilidad. Una vez que una empresa o individuo haya establecido su proyecto, comienza la elección de alternativas para ejecutarlo, ver cual es mas rentable en terminos de valor. Seleccionada la alternativa, deben concentrarse en el factor financiero. Algunas

---

[4] Estudiante de la carrera de Contador Público en la Universidad de Buenos Aires, Ciencias Económicas. Actualmente me encuentro trabajando en una Agroindustria, en el área de planeamiento de consumo masivo. Mail: Cpereyra97@icloud.com

personas humanas o juridicas no cuentan con la capacidad de desembolsar gran cantidad de dinero, por lo tanto deben recurrir a una financiación bancaria pero se necesita de un respaldo o garantía y se debe afrontar con el alto costo de intereses.

El Leasing nace para solucionar este problema. Es una opción para financiar proyectos y activos que las organizaciones o individuos necesitan para comenzar un emprendimiento o modernizar plantas productivas, maquinarias, vehículos, insumos, etc. Sus beneficios y ventajas hacen que sea uno de los medios de financiación mas utilizado por las empresas y personas para adquirir activos. Por ejemplo, en Colombia y Perú se utiliza para adquirir viviendas, con la posibilidad de que con el pago de un canon, luego de una cantidad de años, se pueda ser propietario, pagando finalmente el saldo pactado como cuota final.

En el año 2006 en Argentina se intento utilizar el leasing para adquirir y construir viviendas, pero no ha dado resultados positivos. Según Perez Lamela (2016) *"…a pesar de que en diversos países el Leasing ha alcanzado una notable difusión, en Argentina sigue siendo un negocio algo confuso e indefinido que se traduce en su escasa utilización, principalmente por la ausencia de un estatuto legal coherente e integral del negocio, que respete y enfatice su ausencia financiera, dado que no es otra cosa que un mecanismo de financiacion con perfil propio…"*.

El sistema de leasing que conocemos actualmente, precisamente el "leasing operativo", nació en Estados Unidos de América en 1920 cuando la compañía Bell Telephone System, ante la dificultad de colocar sus productos, decidió alquilar los teléfonos en vez de venderlos. El éxito de dicha operación fue aplicada por otras empresas como, IBM, United States Shoes Machinery y otras compañias de ventas de camiones y automoviles.

Esta forma de arrendamiento incluía e incluye servicios de mantenimientos de los equipos o maquinas arrendadas, fue un método para incrementar las ventas. Con el paso de los años dicho sistema fue perfeccionándose, y al ver el éxito resultado, muchas empresas se acoplaron a dicho método.

1. Leasing: Concepto General

El leasing es un contrato de origen anglosajón. Tal es así que hasta su misma denominación es en idioma inglés. To lease significa alquilar o arrendar. Sin embargo, este contrato dista de ser un simple alquiler, ya que el mismo posee una cláusula de opción de compra. De esta manera el precio pagado periódicamente se imputara, en el caso de hacerse uso de la opción, al precio final del bien. De no hacerse uso de la opción, el bien retorna al propietario. Por otra parte, el pago de la prestación – canon- incluye no sólo el derecho a uso de la cosa, sino también la amortización del bien en cuestión. Es por ello que de no hacer uso de la opción, el propietario recupera el bien con el "plus" de la amortización pagada.

Se trata de un contrato caracterizado como consensual, oneroso, bilateral, conmutativo, formal, de tracto sucesivo, de ejecución diferida, por adhesión, civil o comercial, intuitu personae, financiero, de administración y de disposición de bienes. Con la sanción de la ley 24.441 y posteriormente la 176 ley 25.248, obtuvo reconocimiento legislativo haciendo del mismo un contrato típico, ahora incorporado al cuerpo codificado. (Curá, 2015)

El CCy CN expresa en el artículo 1227 que: *En el contrato de Leasing el dador conviene tranferir al tomador la tenencia de un bien cierto y determinado para su uso y goce, contra el pago de un canon y le confiere una opción de compra por un precio.*

Por su parte la Cámara Nacional en lo Comercial lo ha descripto cómo "*...un acuerdo innominado, consensual, conmutativo, de tracto sucesivo, que recae sobre bienes de capital y que tiene por misión esencial transmitir el uso y goce de un bien, y no su propiedad, sin perjuicio de que por regla general otorga una opción al tomador adquirir el bien por un valor residual predeterminado...*" (La Ley, 1983-B, 41)

El Leasing es una posible solución a operatorias económicas de equipamiento de bienes de capital. A priori, se puede definir como un metodo de financiacion, en el cual el acreedor (vendedor o locador) financia al deudor (arrendatario) para posibilitar la compra de un bien (de capital o durable). El deudor esta obligado a realizar pagos periódicos (mensuales, trimestrales, etc) caracterizado como "canon locativo", o parte de pago del precio en caso que acepte la oferta de venta. Si esto sucede, deja de ser Leasing y pasa a ser compraventa, pagando un valor residual para completar el precio total de venta del bien.

2. Características principales.

a) Cesión de uso y goce de un bien. La obligacion principal del dador es conceder al arrendatario el derecho de uso y goce del bien objeto del contrato. El termino de "transferir la tenencia de un bien" se refiere a la tenencia con relacion a las cosas y no a los derechos del mismo;

b) Pago de un canon en dinero. El monto debe estar establecido en una suma determinada al momento de la contratación. Tal determinacion queda a voluntad, sin que existan en la normativa vigente pautas rígidas sobre la cuestión;

c) Opción de compra. El precio de la opción de compra puede ser establecido de manera absoluta o relativamente determinado, mediante la aplicación de las reglas del contrato de compraventa. Debe existir relación entre entre el precio por el uso del bien y el precio de compra del mismo al final del contrato;

2.1. Carácteres

Bajo una noción legal de Leasing permite analizar sus carácteres, con lo cual se puede afirmar que constituye un contrato bilateral, a título oneroso, conmutativo, concensual, formal y nominal.

- Bilateral, pues a ambas partes contratantes le caen obligaciones y facultades.
- Contrato a título oneroso ya que a quién recibe el arrendamiento le recaen beneficios, y posiblemente si el arrendatario decide adquirir el bien se genera el beneficio de la compra por lo tanto recibe las ventajas que el uso de la cosa le pueda otorgar.
- Es contrato conmutativo porque desde el primer momento esta determinada la relación existente entre las partes, sus beneficios y obligaciones que asumen.
- De carácter consensual ya que para su celebración y perfeccionamiento se necesita la voluntar de las partes contratantes.
- Es contrato formal ya que debe celebrarse por escritura pública si se tiene como objeto inmuebles, buques, o aeronaves. En los demas casos puede celebrarse por instrumento privado.
- Contrato nominado dado que tiene una identidad propia y normas que regulan los aspectos esenciales del mismo.

2.2. Elementos del contrato

a) Partes: Son el **arrendador**, el que entrega el bien, y el **arrendatario**, el que recibe el bien y paga el canon. Tanto el arrendador como el arrendatario puede ser persona humana o jurídica.

El CCyCN reconoce diferentes facultades a las partes. Asi, el arrendador tiene el derecho si el Leasing recae sobre cosas muebles, a que la cosa no sea apartada del lugar donde debía encontrarse de acuerdo al contrato. Solo puede trasladarse el bien mueble con la conformidad del arrendador, por contrato o por acto escrito, y luego de haberse inscripto el traslado y la conformidad del arrendador en el registro correspondiente. También se lo faculta a ceder sus créditos actuales o futuros a cambio de canones o por ejercicio de la compra. (Art. 1277 CCyCN)

Por otro lado, el **arrendatario** tiene el derecho de usar y gozar de la cosa conforme a su destino o a explotar los derechos conferidos. Sin embargo, no puede vender, gravar o disponer del bien del contrato. Pero sí esta autorizado a arrendar la cosa dada en leasing, salvo que la Ley lo prohiba.

El CCyCN tambien hacer referencia a las obligaciones que recaen sobre las partes. Con respecto a las obligaciones del arrendador, en el **leasing financiero** *"... el arrendador cumple el contrato adquiriendo los bienes indicados por el arrendatario..."* (art. 1232 CCyCN).

Con esto queda claro que el arrendador no esta obligado a la entrega de la cosa, sino al otorgamiento del uso del bien, de modo tal que aquella queda a cargo del proveedor, entregando los riesgos al arrendatario. Sin embargo, el marco legal concibe como obligacion del arrendador ceder el uso y goce del bien, lo cual implica que la entrega de la cosa esta a su cargo aunque delegue el cumplimiento en un tercero.

A su vez, en el **Leasing operativo**, como el arrendador resulta ser titular del bien antes de la celebracion del contrato (por carácter de fabricante o vendedor) tiene la obligación de entrega y la responsabilidad por saneamiento. (Art. 1231, inciso d CCyCN)

Cualquiera sea el tipo de leasing, por naturaleza, el arrendador se encuentra obligado a transmitir el dominio de la cosa dada en leasing, una vez ejercida la opcion de compra y pago de su precio conforme a las condiciones contractuales. (Art 1242 CCyCN.)

Respecto del **Arrendatario**, entre sus obligaciones, se destaca la obligación de pagar el canon, de acuerdo a lo convenido. Puede que en el momento se incluyan servicios y accesorios necesarios para el diseño, la instalacion, puesta en marcha y puesta a disposicion de los bienes dados en Leasing.

Debe asumir la totalidad de los gastos ordinarios y extraordinarios de conservacion y uso, incluyendo seguros, impuestos y tasas que recaigan sobre los bienes, excepto que se pacte lo contratio.

b) Objeto: El Leasing puede recaer sobre cosas muebles o inmuebles, tambien sobre bienes inmateriales como por ejemplo marcas, patentes, modelos industriales, software, etcétera.

La elección del bien corresponde al tomador de leasing pudiendo el dador comprar el bien elegido por el tomador a la persona indicada por éste o ser de propiedad del dador con anterioridad a su vinculación contractual con el tomador.

Con respecto a las cosas muebles, solo podrán ser objeto de contrato los muebles no fungibles ni consumibles. Esto es no solo porque de no ejercer opción de compra el arrendatario debe devolver el mismo bien recibido, sino también porque como dice el art. 1227 CCyCN el bien debe ser cierto y determinado, lo cual excluye la posibilidad de contratar sobre cosas consumibles y/o fungibles.

El bien objeto del contrato puede:
a) comprarse por el dador a persona indicada por el tomador;
b) comprarse por el dador según especificaciones del tomador o según catálogos, folletos o descripciones identificadas por éste;
c) comprarse por el dador, quien sustituye al tomador, al efecto, en un contrato de compraventa que éste haya celebrado;
d) ser de propiedad del dador con anterioridad a su vinculación contractual con el tomador;
e) adquirirse por el dador al tomador por el mismo contrato o habérselo adquirido con anterioridad;

f) estar a disposición jurídica del dador por título que le permita constituir leasing sobre él (1231). (Curá, 2015)

c) Canon: Es una obligación a cargo del tomador del leasing. Es la suma que se paga por el uso y goce del bien. El monto del mismo y la periodicidad para su pago lo acuerdan libremente las partes. El precio debe estar fijado en el contrato o ser determinado según procedimientos o pautas pactadas. Dicho monto, sumado a la opcion de compra, por lo general es suficiente para cubir el costo del bien y los costos financieros de la operación, lo cual hace que se asimile a un prestamo.

d) Precio de opcion de compra: Monto que se debe abonar si se hace uso a la opcion de compra, puede estar determinado en el contrato o ser determinable según procedimientos o pautas pactadas. (Art. 4, Ley 25.248). Se puede ejercer la opción de compra cuando el arrendador haya abonado tres cuartas partes, es decir el 75%, del canon total estipulado o antes de haberse convenido por las partes (Art. 14, Ley 25.248)

3. Clasificación de los contratos de Leasing

3.1 Clases de Leasing.
- <u>Según su naturaleza:</u>
Mobilirario: versa sobre cosas muebles, o bienes inmuebles. Por ejemplo Software, o marcas
Inmuebles: versa sobre cosas inmuebles

- <u>Según su finalidad:</u>
Financiero
Operativo
De retorno

- <u>Leasing operativo</u>: Es una variante de la locación tradicional. Con opción de compra, a través del cual el arrendador entrega un bien por el pago de una cuota mensual y al finalizar el contrato el arrendatario, pagando el valor residual, obtiene la propiedad de dicho bien. En este tipo de leasing el arrendador debe ser el dueño, fabricante, importador o distribuidor de la cosa en objeto. Existe un unico contrato.

- <u>Leasing financiero</u>: El Leasing financiero tiene por objeto la cesión en uso y goce a un sujeto de bienes muebles o inmuebles que le adquiere o lo hace construir por un tercero bajo expresa indicación del primero, con el fin de cederlos en uso (Farina Juan M., 1993)

En este caso el dador debe adquirir la cosa del proveedor, fabricante o importador para poder realizar la operación con el tomador. Lo que diferencia a este tipo de leasing es la intervención de un tercero (proveedor). Se manifiesta como un contrato trilateral, o como dos contratos bilaretales conexos, una compraventa y el contrato de leasing.

- <u>Lease back o leasing de retorno:</u> Asistencia financiera pensada originariamente para las empresas con la finalidad de transformar sus activos fijos en dinero, obteniendo la liquidéz necesaria para su funcionamiento, sin perder la disponibilidad material de los bienes. La operación económica se formaliza a través de dos contratos vinculados, la adquisición previa del dador al tomador y el leasing.

4. Efectos entre partes

El CCyCN reconoce diferentes derechos y obligaciones a las partes. Si el leasing recae sobre cosa mueble, el dador tiene derecho a que la cosa no sea sustraída del lugar de donde debía encontrarse de acuerdo al contrato. Para extraerlo debe haber consentimiento del dador, en el contrato o por acto escrito. El dador también tiene la facultad de dar en objeto sus créditos actuales o futuros por canones o por ejercicios de la opcion de compra.

El tomador tiene el derecho de usar y gozar de la cosa de acuerdo a su destino o a explotar los derechos consagrados. No puede vender, gravar o disponer del objeto del contrato, sin embargo puede arrendar la cosa dada en leasing, salvo prohibición.

4.1 Obligaciones del dador:

En el **leasing financiero**, el dador tiene la obligación de adquirir los bienes indicados por el tomador, teniendo la obligacion de otorgar el uso y goce de dicho bien. Delega el cumplimiento a un tercero (proveedor) pero el dador se hace responsable de la entrega del mismo, pudiendo desligarse de las garantías de evicción y vicios redhibitorios de así estipularlo el contrato, salvo que el dador fuera fabricante, importador, vendedor o constructor del bien dado en leasing. En este tipo de contrato hay tres partes (proveedor- dador- tomador) y dos contratos (adquisicion del bien- leasing). Por ello es que se le concede al tomador accion directa contra el proveedor del bien.

En el **leasing operativo** el dador tiene la facultad de ser titular del bien antes de celebrado el leasing (por ser el fabricante, distribuidor, importador del mismo) el dador tiene la responsabilidad de entregar y de otorgar al tomador el uso y goce de la cosa.

4.2 Obligaciones del tomador

La principal obligación es la de pagar el canon, de acuerdo a lo convenido. Tambien debe abonar servicios, prestaciones, accesorios, instalación, en caso de ser incluídos en el contrato.

Debe usar y gozar del bien objeto del leasing conforme a su destino. No puede venderlo, gravarlo ni disponer de él. Puede arrendar el bien objeto del leasing, salvo pacto en contrario. En ningún caso el locatario o arrendatario puede pretender derechos sobre el bien que impidan o limiten en modo alguno los derechos del dador.

Los gastos ordinarios y extraordinarios de conservación y uso, incluyendo seguros, impuestos y tasas que recaigan sobre los bienes y las sanciones ocasionadas por su uso, son a cargo del tomador, salvo convención en contrario. (Hernández et al, pág. 642)

5. Introducción del Leasing en Argentina

La primera refrencia acerca del Leasing en nuestro país se puede observar en el Art.18 inciso i) y 20 inciso k) de la ley 18.061 de entidades financieras, que tuvo como propósito de regular el desenvolvimiento del sistema financiero nacional, individualizando taxativamente las instituciones habilitadas y las operaciones financieras a realizar.

Se facultó a los bancos de inversión y compañías financieras a dar en locación bienes adquiridos con tal objeto, con la finalidad de introducir en el ámbito financiero nacional la novedad del Leasing, pero ésto reflejaba cierta improvisación y el desconocimiento acerca del funcionamiento de dicho contrato, a tal punto que ni siquiera se previó la modalidad del Leasing financiero en todas sus formas. Podríamos decir que tecnicamente se refirió al Leasing operativo y no al financiero.

El 14 de febrero de 1977 fue promulgada y sancionada la Ley N° 21.256 la cuál disponía que los bancos de inversión y las compañías financieras eran las únicas entidades autorizadas a dar en locación bienes de capital adquiridos con tal objeto, para referirse a las operaciones de leasing.

El leasing, fue muy utilizado en el ámbito empresarial, especialmente por los bancos y entidades financieras, pero carecía de legislación en la República Argentina por lo menos como contrato típico o nominado, haciendo necesario que se propusiera su regulación legal, y luego, su expresa incorporación en el CCyCN.

En el año 1995, mediante la sanción de la Ley N° 24.441 se promueve la regulación legal del contrato con un objeto claro de instalar el contrato de Leasing inmobiliario para enfrentar el déficit habitacional del país. Sin embargo, este intento falló por su defectuosa técnica legislativa y sus muchas reglas para su contrato.

En el año 2000 se promulgó la Ley N° 25.248 denominada "Contrato de Leasing" cuyo objetivo se centró en el leasing mobiliario y promoviendo que dicho contrato fuera utilizado como herramienta de financiamiento de las pequeñas y medianas empresas para la adquisición de bienes de capital.

Finalmente, el contrato de Leasing fue incorporado por el CCyCN en su capítulo 5 "Leasing", catalogándolo como contrato nominado y codificado. Se lo ubicó entre el contrato de "Locación" y "Obra y Servicios". De allí, su finalidad económica-social consiste en brindar financiamiento sin que sea necesario recurrir a los contratos tipicos de mutuo o de prenda, en los cuales es mutuante esta obligado a transferir la propiedad del bien por una suma de dinero o donde una parte entrega una cosa mueble o inmueble a la otra parte, con la finalidad de obtener una garantía y seguridad de un crédito.

Daré ejemplo de países donde tambien tiene legislación jurídica:
- Francia: "Credit Bail" (1977)
- Bélgica: "Location- financement" (1967)
- España: Arrendamiento financiero" (1969/80)
- Uruguay "Crédito de uso"

6. Derecho comparado

El contrato de Leasing fue empleado en otros países en los negocios empresariales, articulándose con otras figuras contractuales, que de a poco lo fueron nutriendo y expandiéndo por el mundo, donde su aplicación fue mutando hasta adquirir autonomía con su regulación legal.

En Italia tomó la denominación de locación financiera, el cual su se utilizó como medio de incentivación y desarrollo de la actividad productiva en la década de 1960. Diferentes posiciones doctrinarias en cuanto a su naturaleza jurídica. Fue así que se lo consideró un contrato atípico, con una causa, un objeto y características peculiares, en el cual se combinaban distintos elementos del mutuo, la venta y la locación. También se lo consideró como un negocio mixto, por tener una intención económica vinculada entre los contratantes y una estructura jurídica como alquiler de bienes productivos, presentando desviaciones respecto de la naturaleza económica de la operación. Por último, otro ejemplo de diferentes posiciones doctrinarias, fue sostetner que podia encuadrarse dentro del sistema normativo del contrato de locación, o en el del arrendamiento, respetando dentro del concepto de cosa productiva los frutos naturales, y cualquier bien instrumental idóneos para llevar a cabo una utilidad.

Su finalidad es obtenida a través del empleo de los modelos contractuales típicos como el mutuo, apertura de crédito, anticipo bancario, los cuales se agrupan bajo el nombre de los contratos de crédito. Siendo la identidad bancaria un sujeto que da un crédito (dinero o cosas fungibles) a otros sujeto que puede llamarse cliente, este es el caso del mutuo (Art. 1813 CC Italiano); también puede obligarse a poner a disposición del otro contratante una suma de dinero por un período de tiempo determinado o no, lo que ocurre en la apertura de crédito (Art. 1842 CC Italiano). El banco también puede dar sumas de dinero constituyendo prendas en títulos o mercaderías garantizando el crédito, caso del anticipo bancario (Art. 1846 CC Italiano).

Son varias las razones que pueden captar al requirente al empleo del leasing, como las que podemos asimilar con nuestro sistema en Argentina, como por ejemplo: la falta de capitales necesarios para invertir, la necesidad de no inmobilizar esos capitales, la dificultad de encontrar en el mercado un bien determinado. El monto a pagar puede ser fijado en función de la duración del contrato, y a la presumible duración económica del bien, asumiendo que el monto de las cuotas pueden ser inferior, igual y algunas veces superior al costo del bien, apuntando a recomponer el valor capital del bien.

En la ley francesa de 1966, la intervención del legistador fue significativa para diferenciar las operaciones del "Credit Bail" según que tengan por objeto bienes muebles o inmuebles. La finalidad era imponer una disciplina a las empresas que se veían beneficiadas por la utilización del "Credit Bail" en forma de profesión habitual, a la vez que limitaba su ámbito de operatividad.

La ley Belga de 1967 exigía como requisito que para que exista locación financiera que los bienes fueran adquiridos especialmente por el locatorio teniéndose en cuenta las especificaciones del futuro inquilino. Se trataría de una circunstancia calificante del contrato, que en caso de faltar sería excluída de la naturaleza de la operación de crédito.

En el sistema alemán, se carecía de una disciplina legislativa en materia de locación financiera, a pesar de haber sido ampliamente debatido, por lo que las soluciones propuestas difieren de las empleadas desde el punto de vista civilista. Refiere al leasing financiero como una locación. Esta doctrina parte de la distinción entre venta y locación, sostiene que la prestanción del locador en el leasing consiste esencialmente en consentir el goce de la cosa. Se pone en primer lugar la función financiera del leasing, lo que sin embargo no lo hace excluír su pertenencia al tipo legar de la locación. (Buonocore et al, 1975)

7. Registración.

El leasing debe instrumentarse en escritura publica si el objeto es un inmueble, buques o aeronaves. Por si efecto de oponibilidad frente a terceros, el leasing debe inscribirse en el registro que corresponda según la naturaleza de la cosa en objeto.

La inscripción en el registro debe efectuarse a partir de la fecha de celebración del contrato de leasing y en la fecha en que corresponda hacer la entrega de la cosa objeto de la prestación comprometida.

Para que produzca efectos contra terceros desde la fecha de la entrega del bien objeto de leasing, la inscripción debe solicitarse dentro de los cinco días hábiles posteriores. Pasado este termino, producirá ese efecto desde que el contrato se presente para su registración.

En todos los demas casos puede inscribirse por instrumento público o privado.Si se trata de cosas muebles o software, deben inscribirse en el Registro de Créditos Prendarios del lugar donde se encuentren las cosas o, donde la cosa o software se deba poner a disposición del tomador.

En el caso de inmueble la inscripción se mantiene por el plazo de veinte años; en los demas bienes se conserva por diez. En ambos casos puede renovarse antes de su vencimiento, por rogatoria del dador u orden judicial.

8. Ventajas y desventajas del leasing:

Una persona, empresa u organización necesita un determinado bien pero no esta en condiciones de adquirirlo. A través del leasing obtiene ese determinado bien, para su utilización y lo financia a través del pago de un canon mensual y luego de determinado período adquiere plenamente el derecho sobre el bien, cancelando el salgo total debido y obteniendo su titularidad. Finalmente la operación se formaliza con la opcion de compra de ese bien.

- Ventajas para el tomador:
- Se financia el 100% de la inversión.
- Se mantiene libre la capacidad de endeudamiento a efectos bancarios.
- Flexibilidad de los plazos, posibilidad de ampliación de los mismos a su vencimiento y acceso a bienes que de otra forma no serían posibles de contar.
- El canon se adecua a la posibilidad del tomador.
- Máxima conservación del capital de trabajo.
- Oportunidad de renovación tecnológica.
- Rapidez en la operación.

- Si el bien en cuestión es entregado por el fabricante directo, sea constructor o proveedor, tiene una garantía adicional sobre dicho bien.

    - Ventajas para el dador
- Para una empresa proveedora de equipos, materiales medicos, software es una manera de impulsar sus productos.
- Tener garantizado a través de la registración del bien y la imposibilidad del tomador de movilizarlo del lugar donde se encuentre ubicado, sin autorización previa del dador.
- Asegurarse esta forma una produccion a través de una financiación segura.
- En el caso de empresa constructora de vivienda, asegurarse que la construcción de viviendas va a ser vendida en su totalidad.
- Tienen asegurado el pago de un canon por la cantidad de bienes en leasing.
- Asegurado que al final del contrato obtendrá el valor residual del mismo, ya que el tomador aseguro la opción de compra del bien.
- El incumplimiento del tomador hace posible el reclamo por la devolución del bien entregado y el saldo de la financiación acordada, sin contar las acciones que tuviese el dador, conforme fueran las condiciones pautadas en el contrato respectivo, a diferencia del contrato de compra donde no hay restitución del bien, sino solo la ejecucion de la deuda.

- Desventajas para el tomador
• Mayor costo financiero de la deuda con relación al credito bancario, ya que el canon tiene incluído un seguro por el bien, el cual no correspondería si se financia a través de un credito bancario tradicional.
• Se accede a la propiedad del bien siempre y cuando finalice el contrato y se ejerza la opción de compra.
• El bien al finalizar el contrato, se ha depreciado y puede ser obsoleto, sobre todo en el caso de equipos de computación o tecnología medica, no asi en el caso de galpones, inmuebles, etc.
• En el caso de individuos que quieran acceder a una propiedad, la cuota final para acceder a la vivienda propia es el capital original, menos una amortización, lo cual puede resultar poco accesible para personas de bajos recursos y sin poder de ahorro.

- Desventajas para el dador
• Un proveedor de equipos o importador debe tener la capacidad de financiación de la totalidad del bien.
• La innovación de equipos es tan grande que un cambio tecnológico al tomador puede que ocasiones la devolución del bien adquirido mediante el leasing en lugar de efectuar la opción de compra.
• La situación del país y la inestabilidad económica financiera hacen que las empresas teman entregar bienes con contratos de leasing, ya que si es en pesos, el valor al momento de la reposición del bien puede ser mucho menor.

9. Contrato de leasing y contratos conexos

En algunos negicos se observa una operatoria económico-jurídica en la cual distintos contratos se encuentran relacionados o económicamente vinculados entre sí y cuyos efectos jurídicos repercuten unos sobre otros. Esto implican distintas problemáticas entre las sujetos y empresas que intervienen.

El leasing exige en algunas ocasiones que el dador adquiera en propiedad de un fabricante o proveedor la cosa objeto del conrato según las especificaciones del tomador, que luego éste recibira directamente de las manos del proveedor. Por lo tanto, son dos contratos que integran la operatoria. 1) contrato de compraventa entre el proveedor y el dador. 2) contrato de leasing donde el dador cede al tomador el uso y goce de la cosa a cambio del pago del canon convenido, concediéndole la opción de compra luego de abonado un mínimo determinado de períodos, mediante el pago de un valor residual.

El negocio es uno solo, pero fragmentado en varias relaciones jurídicas. Si bien el proveedor no es parte fomalmente del contrato, tiene un vínculo de colaboración empresarial para el desarrollo de una actividad económica organizado, orientando hacia una finalidad común y obteniendo beneficio de ello.

El CCyCN posibilita al dador de desligarse legalmente de la responsabilidad por la falta de la entrega de la cosa prometida o de los vicios o defectos que pueda presentar el bien que el tomador recibe en manos del proveedor. Este mecanismo deja sin defensa al tomador del leasing llegando inclusive a frustrar la finalidad del negocio celebrado, porque ante el incumplimiento del proveedor y por lo antes mensionado, nada podrá reclamarle al dador ni menos aun suspender los efectos del contrato del leasing o el pago del canon, a pesar a quedar privado del bien prometido por el propio dador en el contrato. El tomador tampoco puede ser alcanzado por las leyes por defensa al consumidor ya que éste no es considerado como tal porque no actúa como destinatario final, con lo cual quedaria excluído de la tutela de dicha ley. Tal desigualdad no solo recae a relaciones entre empresarios y consumidores, sino también a la propia negociación entre empresas. (Ghersi)

10. Leasing desde el punto de vista económico

Las nomas contables establecen que la información contable debe aproximarse a las realidad y que las operaciones y hechos deben contabilizarse y exponerse basándose en su sustancia económica. La realidad económica que se manifiesta en el contrato de leasing, en la mayoría de los casos, es la de una operación financiera, mediante la cual el dador financia al tomador la adquisición de un bien.

Muchos autores -entre ellos Favier Dubois (2012) - han desarrollado la teoría de que existe una interrelación entre el derecho y la economía, considerandola profunda y se materializa *"mediante la aplicación del arsenal científico, metodológico y valorativo de la Economía para analizar problemas jurídicos"* (Tavano 2011)

Se define al Derecho Contable como *"...la ciencia cuyo objeto está constrituido por las relaciones interdisciplinarias entre el derecho, en cuanto ciencia jurídica, y la contabilidad, en sus aspectos científicos y técnicos, comprendiendo tanto las áreas comunes como las recíprocas influencias entre ambas disciplinas y las nuevas interpretaciones que resultan de su armoniosa integración, superando asimetrías y dando coherencia a las regulaciones comunes..."* (Tavano, 2011) enumerando también entre su contenido al derecho empresarial, contractual y a los procedimientos de información, valuación, determinación de resultados y exposición contable, desde la perspectiva de sus regulaciones, fuentes, influencias y efectos jurídicos.

Por otra parte las normas contables argentinas enuncian entre los criterios generales que para que la información contable se aproxime a las realidad, las operaciones y hechos deben contabilizarse y exponerse basándose en su sustancia y realidad económica. En el marco conceptual de las normas internacionales de contabilidad determina que los informes financieros representan fenómenos económicos en palabras y números. No solo debe representar los fenómenos relevantes, sinio que también debe representar fielmente los fenómenos que pretende representar. La representación fiel significa que la información financiera represente la esencia de un fenómeno económico en lugar de representar su forma legal.

Las normas internacionales de contabilidad expresan que un arrendamiento se clasificará como financiero cuando transfiera sustancialmente todos los riesgos y ventajas inherentes a la propiedad del activo arrendado, cuya titularidad puede ser transferida o no a cambio de uno o mas pagos que cubren el valor corriente del activo y las cargas financieras correspondientes.

Cabe aclarar que existe una diferencia entre la terminología utilizada por las normas contables profesionales y el CCyCNl, ya que que el código distingue entre contratos de arrendamiento y leasing, asimilándose el contrato de arrendamiento a lo que las normas contables denominan "arrendamiento operativo" y al leasing a lo que las normas contables denominan "arrendamiento financiero".

El CCyCN define al contrato de locación, en su articulo 1.187, como aquel en el cual una parte se obliga a otorgar a otra el uso y goce temporario de una cosa, a cambio del pago de un precio en dinero, pudiendo ser el objeto del contrato toda cosa presente o futura que se encuentre en el comercio. En el articulo 1.127 define el contrato de leasing, diferenciándolo del de locación dándole autonomía, como aquel en el que el dador conviene tranferir al tomador la tenencia de un bien cierto y determinado para el uso y goce, contra el pago de un canon y le confiere una opción de compra por un precio. pudiendo ser objeto de contrato cosas muebles, inmuebles, marcas, patentes o modelos industriales y software.

Tambien se permite incluír servicios y accesorios necesarios para el diseño, puesta en marcha y puesta a disposición de los bienes, lo que permite un financiamiento total de la operación.

Claramente se observa que desde el punto de vista legal, la diferencia entre ambos contratos radica principalmente en la existencia en la opcion de compra, que derivan luego en otras características que se determinan y dan forma específica a cada uno de los contratos.

11. Comparación de contrato de Leasing con Contrato de locación

En la ley N° 24.441 se consideró al leasing como una locación de cosas a la cual se adicionaba un conjunto de requisitos especiales. En la actualidad, se reconoce a la figura una naturaleza jurídica propia, claramente diferente a la figura de locación – sobre todo en el caso del leasing financiero -, por su reconocida función económica de cambio.

Sin embargo, aún en este último caso, la postura que reconoce en el leasing operativo un mero contrato de locación de cosas no parece sustentable en lo típico actualmente, desde que, la opción de compra a favor del tomador, indispensable para reconocer un contrato de leasing, es la principal pauta de distinción con aquél, a la que se le adicionan importantes diferencias de su régimen legal.

12. Cancelación de la inscripción

El artículo 1.244 CCyCN establece que la inscipción de leasing sobre cosas muebles no registrables y software se cancela:
- Por orden judicial, dictada en un proceso en el que el dador tuvo oportunidad de tomar la debida participación;
-A petición del dador o su cesionario.

A su vez, el artículo 1.245 CCyCN establece que el tomador puede solicitarla si acredita:
- El cumplimiento de los requisitos previstos en el contrato la opción de compra;
- Haber pagado los cánones que restaban y el precio de ejercicio de la opción de compra;
-Interpelación fehaciente al dador por un plazo no menor de 15 días hábiles, ofreciéndole los pagos y solicitándole la cancelación. (el pedido de cancelación se da una vez resuelto el contrato).

El artículo 1.246 CCyCN regula el procedimiento de cancelación. Establece que solicitada la cancelación, el encargado del registro debe notificar al dador, en el domicilio constituído en el contrato, por carta certificada:

- Si el notificado manifiesta conformidad, se cancela;

- Si el dador no hace observaciones dentro de los 15 días hábiles, y el encargado estima que el depósito se ajusta a lo previsto en el contrato, se cancela y se notifica a ambos;

- Si el dador hace observaciones o el encargado estima insuficiente el depósito, lo comunica al tomador, quien tiene las acciones pertinentes.

13. Incumplimiento del canon y desalojo.

La norma prevé tres supuestos:

a) Incumplimiento producido antes del pago de la cuarta parte de los canones totales: En ese caso se produce la mora automática y el dador puede demandar el desalojo. Se sitúa al tomador en un situación gravosa, si se piensa que el leasing inmobiliario es con fines habitacionales, y deberá pagar ademas de lo adeudado, sus intereses y los costos del proceso. Se exige un requimiento previo de diez dias para dejar expedito el desalojo.

b) Si el tomador ha pagado una cuarta parte o mas del contrato, pero no ha alcazado las tres cuartas partes del canon convenido:

- Se reconocen en favor del tomador dos derechos: 1) a saldar la deuda en un plazo de 60 días desde la fecha de recepción de la notificación de mora y 2) paralizar la accion de desalojo dentro del plazo de 5 días hábiles desde ocurrido el pertinente traslado.

- Si el tomador estuviese en condición de ejercer la opción de compra, podra pagar ademas el precio de la opción, conforme a pautas contratuales y/o legales y;

c) Si el incumplimiento sucede luego de estas pagas las tres cuartas partes del canon resultan aplicables las mismas medidas vertidas en el párrafo anterior. Con la diferencia que aca el pago suplementario para purgar la mora se extiende a 90 días contados a partir de la recepción de la notificación.

13.1 Incumplimiento del canon en leasing mobiliario.

El art. 1.249 CCyCN consagra mecanismos de extinción de leasing mobiliario y reconoce los siguiente derechos al dador:

a) Solicitar el secuestro del bien luego de cumplir con un requirimiento extrajudicial previos, dandole a tomador la facultad de saldar su deuda en un plazo de 5 días luego de recibida la notificación. Este derecho recae sobre el dador siempre y cuando haya inscripto su contrato. Una vez vencido el plazo de 5 días dados al deudor para purgar un deuda se produce el secuestro, se le podrá acumular una demanda ademas del cobro que se hubiese devengado hasta el período del secuetro, intereses y una demanda del dador por daños y prejuicios

b) Accionar ejecutiva por el cobro del canon pagado, incluyendo el pago pendiente. Se entiende que no puede llevarse a lo genérico, hay que ver las particularidades de los casos. Frente a una ejecución ejecutiva de esta naturaleza, el secuestro solo podra concretarse cuando se haya vencido el plazo del leasing sin haberse pagado el canon integro y el precio de la opcion de compra o cuando se demuestre peligro en la conservación del bien.

c) Accionar ejecutiva, en cualquiera de los casos, contra los fiadores o garantes del tomador.

Conclusiones

El contrato de leasing no es un préstamo, sino un contrato parecido al contrato de locación pero con opción de compra, que muchas veces no se ejerce.

Sin perjuicio e ello, el leasing es un instrumento de financiación de bienes por el cual se tranfiere la tenencia de un bien para el uso y goce contra el pago de un canon. A través del leasing se pueden financiar muebles e inmuebles, marcas, patentes, y modelos industriales, nuevos o usados, que permiten el desarrollo de un negocio o la producción de bienes o servicios y con el producido de ellos ir cancelando el canon de uso con opción de compra de los bienes adquiridos con las ganancias genetradas por éstos, evitando un gran desembolso de dinero al inicio de la empresa.

El leasing es una variante financiera y operativa para que las empresas que quieran efectuar proyectos de inversión, adecuados a sus necesidades pueden optar por la misma y obtener una evolución en los negocios sin necesidad de efectuar una ampliación de su capital o requerir de créditos.

Habiéndome introducido en el tema, y teniendo en cuenta las ventajas y desventajas del Leasing considero que, es muy beneficioso para una persona o ente que necesita un determinado bien pero no cuenta con las condiciones para adquirirlo. Puede financiarce por fuera del sistema bancario, negociar el canon según su necesidad y finalmente si el negocio prospera descontar lo pagado por el uso de la cosa como parte el precio final de esta a la hora de adquirirla . No solo logra realizar una inversión inicial, sino que tambien innovar su capacidad tecnológica, pudiendo conservar el capital de trabajo.

Tambien voy a destacar tres desventajas que me parecen importantes tener en cuenta: a) El bien recién es propiedad del tomador recién al momento de ejercer la opción de compra; b) el costo financiero puede ser muy alto, ya que tiene incluído un seguro por el bien, que de obtener un crédito bancario, eso no existirí y .c) por último, que al finalizar el contrato el bien se ha depreciado y puede perder poder de uso, sobre todo si se trata de teconología.

Referencias Bibliográficas y Artículos:

- Buonocore - Fantozzi - Alderighi – (1975) Il Leasing. Profili privatistici e tributari 1 enero 1975 ASIN : B00KLYED44 Editorial : Milano, Dott. A. Giuffre Editore-

- Código Civil y Comercial de la Nación, 2015.

- Curá, José María . Derecho privado. Sociedades y otras formas de organización jurídica de la empresa. - 1a ed. -

Ciudad Autónoma de Buenos Aires: La Ley, 2015. ISBN 978-987 pag. 175.

- Farina Juan M. (1993), Contratos Comerciales Modernos, Ed. Astrea pag. 503.

- Favier Dubois, Eduardo (Padre e Hijo), "El derecho contable como una nueva ciencia interdisciplinaria y autónoma", en "Derecho contable aplicado", (Bs.As., ERREPAR, 2012), pág.4.

- Ghersi Carlos y Weingarten Celia, "Manual de contratos civiles, comerciales y de consumo". - 4ta edición, 2017.- Cuidad Autónoma de Buenos Aires. La Ley

- Guía de estudio- contratos. Editorial Estudio, 2020

- La Ley1983-B, 41, CNCom., sala D, setiembre 28 - 982 --- Di Pietro, S. A., Robert.

- López Cabana Roberto M "Contratos especiales en el siglo XXI" Editorial Abeledo Perrot.

- Nicolau, Noemí L. y Hernández Carlos A. "Contratos en el Código Civil y Comercial de la Nación", 2016, La Ley S.A.E. e I.,

- Tavano, María Josefina, "Los presupuestos de la responsabilidad civil" Rubinzal Culzoni, 2011

Abadal - Barraza Hurtado - Chero - Escalada - Ferreira - Ibarra - Pereyra - Pio Capcha - Quispe

CONTRATOS INTELIGENTES
Por Pilar Abadal[5]

Contratos inteligentes – Definición – Características – Ventajas y desventajas - ¿Cumple los requisitos de un contrato? – *Blockchain* **– Criptomonedas – Criticas - Regulaciones existentes.**

Introducción

En la última década nos vimos involucrados en un nuevo mundo el cual se incluyó la tecnología, junto con sus avances y cambios – cada vez más rápidos -, obligándonos a conocer nuevos dispositivos y maneras de vivir.

A ello se sumó la pandemia mundial – COVID - que nos afectó de diferentes formas, haciendo que reaccionáramos de distintas maneras para poder seguir intentando llevar una vida más o menos normal. Entre las cosas que se vieron afectadas se encontraron los colegios, universidades, mercados, la economía mundial, pero sobre todo la relación con el exterior, debido a que durante esos

---

[5] Egresada 2018, con el título Bachiller Nacional Bilingüe en Ciencias y Letras. Nivel First de inglés y nivel B1 de francés. Estudiante de actuario en economía-FCE-UBA-2019. Jugadora de hockey desde 2013 hasta hoy en día. Voluntariado en actividades solidarias y de acción social. Mail: pilarabadal2000@gmail.com

años nos encontramos encerrados por lo que era más difícil comunicarse cara a cara y saber qué es lo que el otro quería.

Esto hizo que la mayoría de las redes sociales o aplicaciones de comunicación, como Skype, Zoom o Meet – entre otras -, que antes no eran tan conocidas o usadas, salieran a la luz y se comenzaran a ser algo común para la mayoría de nosotros. Lo que uno antes realizaba físicamente pasó a estar en una pantalla, lo que complicó mucho a la mayoría de las personas porque no sabían cómo se manejaban esos programas. Pero no solo eso, sino que además la forma de relacionarse con los otros países cambió bruscamente, ya no se podía viajar o reunirse personalmente para ponerse de acuerdo o firmar algún documento. Para ello debía hacerse una llamada o videollamada.

El mundo seguía necesitando estar relacionado porque el intercambio de mercaderías y servicios seguía desarrollándose casi como habitualmente. Debido a esto, la situación del comercio internacional, y la necesidad de encontrar mecanismos legales veloces que dieran seguridad jurídica en los contratos internacionales es que surgió la figura de los contratos inteligentes o *"Smart Contracts"*.

No muchas personas saben de qué se trata. Por ejemplo, cuando uno va por la calle y pregunta que son estas nuevas formas de contratos, la mayoría te responde que no tiene conocimiento de esto, ello a pesar de que hoy en día son más comunes de lo que uno cree. Por ello decidí realizar este trabajo focalizado en explicar y definir este fenómeno.

Explicaré de que se tratan estos nuevos tipos de contratos, para que sirven y porque son importantes en la vida de hoy, y sus posibles usos en el derecho privado. Por último, me referiré a un ejemplo y un término incluido dentro de contratos inteligentes: *blockchain* y monedas inteligentes.

Debido a todo lo que está pasando en el mundo y los avances tecnológicos, es necesario que estemos actualizados y conozcamos las nuevas maneras de realizar distintas actividades que surgieron luego de la pandemia Covid. Especialmente aquellas actividades que uno comienza a incluir en su vida y en las que muchas veces no sabe que es lo que se encuentra detrás de todo ello.

Escuchamos mucho las palabras *"blockchain"* o *"bitcoin"* pero la mayoría no sabe ni cómo funcionan, a pesar de usarlas como nuevas maneras de ahorrar y ganar dinero.

1. Contratos inteligentes. Definición

Como se mencionó en la introducción, la tecnología hizo que los contratos tomaran un nuevo formato, lo que dio lugar a los contratos inteligentes. Estos incluyen un cifrado especial, y constan de un sistema de bloques que les da seguridad y permite que sean confiables.

Los contratos inteligentes resaltan dentro de la doctrina como una de las fuentes para contraer obligaciones. Son reconocidos por el ordenamiento jurídico como una de las formas para manifestar la disposición de intereses, cumpliendo una función económico social, en tanto que buscan establecer una relación jurídica de carácter patrimonial (Hinestrosa, 2015).

Se tratan de un código computacional programado para realizar una acción una vez que se cumpla determinada condición. Esto no es un contrato tal cual lo entendemos ya que reemplaza los contratos escritos. Actualmente hay muy pocos países que tienen regulaciones para ellos o que reconocen a estos como medios de pago – a pesar de su uso mundial - pero a medida que pasa el tiempo son incluidos en nuevos lugares, tanto para su uso en el comercio internacional como en los locales de ventas minoristas.

Los contratos inteligentes son códigos que facilitan, verifican o hacen cumplir digitalmente la negociación o el cumplimiento del contrato. Estos permiten una transacción creíble sin intervención de terceros. Son una secuencia de códigos y datos que están programados para cumplir una determinada cláusula, el cual incluye instrucciones autoejecutables codificadas, que tiene acuerdos de voluntades. En términos jurídicos, un *"smart contract"* en un acuerdo de voluntades que se encuentra plasmado en un código informático.

La característica más importante de estos es que se pueden autoejecutar, lo que permite que no solo se puedan celebrar acuerdos entre personas, sino también entre maquinas.

Otra característica de este tipo de contratos es que el código no se encuentra instalado en un servidor ni en un ordenador, sino que se inscribe en una cadena de bloques la cual permite que esta no sea ni modificable ni hackeable. En el lenguaje solidity[6]: *"un smart contract es una colección de códigos y datos que reside en una dirección especifica en la cadena de bloques de Ethereum"* (Solidity, n.d.).

Por lo tanto, un contrato inteligente es un acuerdo de voluntades entre dos o más personas o máquinas que deciden utilizar un código que se va a ejecutar automáticamente, por medio del cual va a nacer, cumplir y extinguir un contrato que tendrá consecuencias específicas. Se podría decir en otras palabras que un contrato inteligente es un grupo de instrucciones o de ordenes informáticas, las cuales permiten que dos o más personas acuerden para el cumplimiento de una cláusula

---

[6] **Solidity** es el nombre de un lenguaje de programación de alto nivel, muy parecido al conocido JavaScript, usado para la programación Web. (Academy, 2021)

sin la necesidad de que haya un intermediario porque este va a ser la máquina.

Al estar controlado por un código de programación, es casi imposible evadir alguna obligación debido a que el código - si está bien programado - va a revisar que todas las condiciones se cumplan porque si no automáticamente va a avisar que algo está fallando.

Monyo (2020) explica que en los *smart contracts* *"...las partes se ponen de acuerdo en las cláusulas que los van a obligar, arman el programa en base a ello y lo suben al blockchain con la ayuda de un experto en informática. A partir de allí el contrato analiza las condiciones ejecutando un algoritmo u otro, dependiendo de lo que acontezca. Suele estar compuesta por una interfaz de usuario y emular la lógica de las cláusulas contractuales..."*

1.1. Características.

Un contrato inteligente tiene muchas características las cuales algunas de las cuales ya fueron mencionadas, pero que igualmente vamos a detallarlas y a agregar algunas más.

Se caracterizan principalmente por la capacidad de autoejecutarse lo cual hace que una vez que se pone en funcionamiento mediante su aceptación no se pueden detener. Esto permite que no sea necesario la participación de un tercero que controle que las partes cumplan su obligación, ya que eso lo va a realizar el mismo código.

Podrían, quizás, compararse con los contratos de adhesión, debido a que no hay discusión en los términos, pero en el caso de los *smart contracts* se eliminan a los intermediarios ya que estos se ejecutan automáticamente cuando se cumplen las variables establecidas a través de la programación, y una vez consumado no pueden ser modificado ni borrados.

Los contratos deben incluir:
a. Una red de *blockchain* donde las partes estén claramente identificadas y en donde cada una cuente con una clave privada que permita cotejar su identidad y la manifestación del consentimiento.
b. Una identificación pública dentro de la red, la cual no tiene que ser una identificación expresa de las partes para la realización del contrato, sino que basta con que el sistema certifique que la contraparte cuenta con el activo o dato parte de la operación.
c. Una aplicación que permita ejecutar los comandos que serán parte del acuerdo, para activar o desactivar el activo en caso de que no se cumplan las condiciones pactadas. (Martínez, 2019)

1.2. Ventajas.

Hay muchas ventajas al utilizar los contratos inteligentes. Estos permiten la autonomía de las partes no se necesita depender de un corredor o intermediario. La eliminación del intermediario permite ahorrar dinero, ya que reduce los costos.

Al estar los documentos encriptados en un libro de contabilidad compartido genera confianza. A su vez están duplicados muchas veces por lo que se da un respaldo al contrato original que no podrá ser alterado. La encriptación da seguridad y evita el hackeo de estos.

La velocidad es otra ventaja también debido a que se utiliza un código de software para automatizarlos, el cual reduce el tiempo de negociación. Se eliminan los errores de relleno manual y todos los intervinientes manejan la misma información simultáneamente.

Por último, otorga *"...la posibilidad de ejecutar las obligaciones adquiridas en un acuerdo contractual sin la necesidad de recurrir por vía jurisdiccional a que un juez obligue al deudor moroso al cumplimiento de lo contratado seguramente cambiara de manera radical la forma en que concebimos la ejecutabilidad de las obligaciones en los acuerdos contractuales..."* (Monyo, n.d.)

1.3 Desventajas.

A pesar de lo expresado, también existen algunas desventajas. La automatización de algunas tareas que antes realizaban las personas apareja consigo una reorganización laboral, ya que muchas profesiones pasaran a ser innecesarias.

Otra desventaja es la irreversibilidad de las transacciones, por lo que si hubiera un error en el contrato o el contrato estuviera mal programado, se bloquearían los fondos recibidos. Al ser inmutables esto hace que sea desventajoso para agentes externos que puedan alterarlo por casos fortuitos o de fuerza mayor, ya que son muy difíciles para modificar o cancelar. Para poder modificarlos se debería alterar la programación de los mismos.

La transparencia puede ser una gran desventaja, sobre todo para las grandes empresas que no quieren que la competencia sepa de que se tratan sus contratos inteligentes y a estos no los podrían ocultar.

La seguridad por otro lado puede verse negativamente, debido a que, a pesar de que no se pueda hackear, si se comete un error en la programación del software, puede conllevar consecuencias graves.

2. Los *"Smart Contracts"* ¿Cumplen los requisitos de un contrato?

Para que exista un contrato deben cumplir tres requisitos: el consentimiento de los contratantes – ya que todo contrato es un acuerdo de voluntades -, el objeto – que debe ser materia de contrato y es la prestación que se establece - y la causa de la obligación que se establezca. (Otero Moreiras, 2019)

El consentimiento de los contratantes consta en que ambas partes hayan aceptado lo que el contrato propone, lo que no es difícil lograr y probar en un contrato inteligente debido a que ésta se puede manifestar de varias formas. La más conocida y la que más se utiliza es la firma electrónica.

Las partes firman a distancia, en anonimato y sin conocerse, presentándose aquí el problema de que uno no conoce personalmente a la contraparte, por lo que es difícil verificar que se cumplen con los requisitos para ser contratantes – por ejemplo, mayoría de edad u otras inhabilitaciones legales -, y esto podría hacer que el contrato sea nulo o anulable.

El objeto de un contrato, son todas las cosas que se encuentran al alcance de los hombres en el presente o en el futuro y todos las prestaciones o servicios que estén dentro de la moral y las buenas costumbres, y que se encuentren dentro del comercio, es decir que se puedan comprar o vender. Al incluir las variables en el contrato inteligente debemos verificar que sean determinadas y determinables, y se deben figurar en el contrato antes de ser conformado porque una vez aceptado no se puede modificar.

Por último, la causa fin de la obligación que se establezca es aquello que llevó a las partes a celebrar el contrato – primer motivo -. La mayoría de los contratos inteligentes cumplen este requisito. Respecto de la causa fuente, la misma sería el mismo contrato electrónico, es decir, algo intangible.

Habiendo cumplido los requisitos requeridos para ser considerados contratos, entiendo que el contrato inteligente puede ser incluido en el ordenamiento jurídico de la República Argentina, debiéndolo considerar como un contrato. Cada contrato inteligente especifico (por ejemplo: comercial, consumo, compraventa) deberá cumplir con los requisitos establecidos en la ley local para cada uno de ellos.

3. *Blockchain*.

El *blockchain* es una cadena de bloques, una especie de libro contable digital inviolable y no hackeable que puede ser auditado por muchos usuarios a lo largo de la red de internet.

Es un gigantesco libro de cuentas en el que los registros, los bloques, están enlazados y cifrados para proteger la seguridad y privacidad de las transacciones, es una base de datos distribuida y segura gracias al cifrado, que se puede aplicar a todo tipo de transacciones, no teniendo que ser estas necesariamente de tipo económico.

Esta cadena de bloques tiene un requisito importante, debe haber varios usuarios (no dos) que se encarguen de verificar estas transacciones para validarlas. Así el bloque correspondiente a esa transacción se registra en ese gigantesco libro de cuentas.

Cuando un bloque ya no emite más transacciones, llega el momento de validarlo y sellarlo. Es lo que hacen cuando los usuarios hacen minería de *bitcoin*. Ese minado de bloques consiste en la realización de una serie de complejos cálculos que requieren tiempo y un alto consumo de electricidad, pero cuando finaliza el proceso esos bloques quedan registrados de forma permanente en esa cadena de bloque y no pueden ser modificados sin que se alteren todos los bloques que están enlazados con él, lo cual además de complejo delataría la modificación.

Actualmente, si una persona quisiera enviarle a otra determinada suma de dinero, la operación se puede realizar a través de un banco. Este banco va a actuar como intermediario de esa y otras transacciones centralizando de forma efectiva el movimiento del capital de un lado a otro. También podría ocurrir que una persona le pidiera a un banco que retire de su cuenta determinada suma de dinero y lo transfiera a la cuenta de un tercero. En apenas unas horas este banco va a haber anotado la transacción restando de la cuenta de uno, la suma determinada y comunicando al otro banco que debe añadir a la cuenta del receptor esa suma. Alguien anotará esta transacción en un programa informático y quedara de esa forma asentada. Esta gestión no ha necesitado el traspaso físico de billetes de una cuenta a la otra, sino que simplemente los dos bancos lo que hacen además de cumplir las órdenes de quien indica que una suma de dinero pase de una cuenta a otra, lo que van a tener que hacer es un simple cambio de balance de la cuenta de los bancos.

Ninguno de los agentes involucrados, ni el que transfiere ni el que recibe, tiene el control alguno sobre este proceso, solo los bancos tienen toda la información, es decir, estas personas dependen de los bancos, de su forma de hacer las cosas e, inclusive, de sus condiciones y de las comisiones.

Es ahí en donde entra en importancia la cadena de bloques porque básicamente lo que se hace es eliminar a los intermediarios y de esa forma descentraliza toda la gestión. El control del proceso – en una transferencia de dinero - quedaría en cabeza del usuario, no de los bancos intermediarios, ya que son ellos los – los usuarios directos - quienes tienen el control directo de la transacción, con la seguridad que le brinda la cadena de bloques. Es así como el sistema se convierte en una suerte de enorme banco con miles o millones de nodos, donde cada uno de los participantes se convierte en gestor de los libros de cuenta personales. La banca mundial – que de esta manera quedaría desplazada, con pérdidas enormes de dinero - difícilmente aliente este proceso.

Por ejemplo, con la utilización del *bitcoin*, ya no necesito pasar por un banco para que informe o por una entidad financiera, directamente se traslada la criptomoneda a algunos "Exchange". Estos "Exchange" son los que funcionan como puntos de encuentro entre los mismos tenedores de *bitcoins*, en los cuales yo puedo intercambiarlos.

Gracias al uso de la cadena de bloques lo que se hace es sincronizar los nodos y se logra la irreversibilidad de las transacciones, lo que permite que nadie altere el sistema cometiendo fraude para beneficiarse, modificando el libro de cuentas para desviar *bitcoins* de un lado a otro sin que otro se entere.

Como fácilmente se comprenderá, todo este sistema trajo una revolución no solo en la economía sino también en distintos ámbitos.

A pesar de que la cadena de bloques está relacionada directamente con las criptodivisas o criptomonedas también hay un futuro más allá de esto para lo que es el *blockchain*. Se está utilizando y se están desarrollando algunos proyectos para utilizarlos más allá de las criptomonedas.

Por ejemplo, para registrar propiedades. En Japón se está estudiando un proyecto para unificar todo lo que es criptopropiedades urbanas y rústicas con tecnología de cadenas de bloques. Esto va a permitir contar con una base de datos abierta donde se van a poder consultar datos de doscientos treinta millones de fincas y doscientos cincuenta millones de edificios, que se estiman que existen en ese país.

En Dubái también se está planeando algo parecido. Esto sacaría del medio, por ejemplo, a los escribanos en todo lo que sea transmisión de propiedades, así como a los empleados de los registros públicos de propiedades.

También se puede realizar pagos en el mundo real ya que existen tarjetas prepagas que se pueden recargar con distintas criptodivisas para luego abonar con ellas en distintos comercios, sin utilizar el dinero convencional.

Asimismo, hay en desarrollo un sistema basado en la cadena de bloques que permite a empresas o grupos de personas acceder a servicios para compartir la utilización de automotores de forma sencilla (Belloso et al 2021).

Se suman también proyectos con respecto a la identidad digital, en el cual hay gigantescos fallos ya que hemos visto que se han producido algunos de ellos en seguridad y robo de datos. Fue así que se consideró a la cadena de bloques como un medio que pueda proporcionar un sistema único para lograr validar identidades de forma irrefutables, seguras e inmutables.

Podemos encontrar proyectos que pretenden distribuir música por ese medio, compitiendo con Spotify, y gobiernos que quieren incorporar la cadena de bloques en los servicios públicos, para exhibir de esa forma transparencia absoluta que es, en este momento, lo que siempre se pone en tela de juicio en muchas partes del mundo en relación a las finanzas públicas.

Inclusive, el robo masivo de datos personales hizo que en los Estados Unidos de Norteamérica algunos propongan la sustitución de los números de seguridad social por un sistema basado en la cadena de bloques. Hay iniciativas para descentralizar a los gobiernos – quitándolos como intermediarios - , tales como el *"Big Nation"* que llama a convertirnos en ciudadanos del mundo.

La sanidad es también alcanzada por esto, al utilizar la cadena de bloques para registrar todo tipo de historiales médicos e historias clínicas. Inclusive, se piensan proyectos relacionados con los registros de derechos de autor.

3.1 **Riesgos**

Al ser un sistema muy actual y novedoso todavía no existen regulaciones para ésta porque en el fondo nadie sabe quién lo está manejando, es decir quien está al final de la cadena.

Por más que se supone que es seguro y fácil de manejar para los usuarios el problema podría surgir en el caso de tener que hacer un reclamo, ya que no existe a donde dirigirlo debido a que no se sabe ni a dónde va la dinero ni de donde sale, ya que no es algo centralizado, sino que depende de los usuarios que intervengan.

4. Criptomonedas.

Las criptomonedas son el dinero en internet. Es un tipo de contrato inteligente que utiliza el sistema de *blockchain*. Es otro concepto de lo que es el dinero, es dinero digital. Una criptomoneda es otra forma de efectuar un intercambio, un nuevo medio de pago descentralizado realizado sin intermediarios.

Existen más de 10.000 tipos de criptomonedas. Son monedas muy volátiles que se pueden utilizar no sólo como medio de pago sino también como instrumento de inversión o ahorro. Cada criptomoneda se rige por sus propios contratos y reglas.

Son tipos de moneda virtual con características específicas que permite tener una aplicación universal. También se define como una forma de dinero digital que permite el intercambio entre pares por medio de un método descentralizado y sin ningún intermediario.

Se pueden utilizar como un canal y un medio integrante para efectuar compras o mismo para ahorrar o para invertir y generar ganancias. A partir de eso, vienen a demostrar que tanto el sistema actual de intercambio, el monetario, como las inversiones y las transferencias se basan en un sistema de confianza y cual tiene más credibilidad.

A diferencia de las transacciones, en las cuales uno sabe el nombre de la persona a la que le está transfiriendo dinero, en las billeteras de criptomonedas uno no sabe a quién le está depositando y se puede transferir a la cuenta equivocada y al ser la operación irreversible, no permite rastrear el dinero por lo que el mismo se pierde.

Hoy se están volviendo más comunes y más comercios los están incluyendo y aceptando como medio de pago. Hasta existen en algunos países cajeros automáticos, el cual permite depositar y pagar con criptomonedas.

Las criptomonedas son en su mayoría descentralizadas, es decir que no son controladas por ninguna entidad, como por ejemplo el protocolo de código abierto que utiliza *bitcoin*, el cual no es emitido por ningún país.

5. Criticas.

Al ser las criptomonedas una novedad en el mercado, se le hacen críticas a nivel global. Por ejemplo, que las computadoras trabajan casi veinticuatro horas para completar los rompecabezas, por lo tanto, el consumo eléctrico es muy alto. Minar requiere cantidades de energía exorbitantes y la mayor parte de la electricidad se produce a partir de combustibles fósiles, que son altamente contaminantes.

La BBC dice que el minado requiere y se equipara con toda la energía que se usa tanto en Argentina como en Finlandia. Este tema choca de frente con la agenda global referida al desarrollo sustentable y la responsabilidad para cuidar el medio ambiente. The New York Times incluso publicó, que una computadora de escritorio podría minar *bitcoin*s fácilmente en el año 2011, cuando la criptomoneda no era tan popular.

Actualmente se necesitan aproximadamente 13 años de electricidad domestica típica para minar un solo *bitcoin*. Esto plantea para adelante ciertos desafíos. Por ejemplo, alcanzar costos de transacción cada vez más bajos, medios de acceso más fáciles, generar más confianza para lograr una adopción masiva, legislar de manera correcta y lograr una estructura financiera inclusiva y equitativa. (Belloso et al 2021)

6. Regulaciones existentes.

Existen muy pocas regulaciones debido a que se creó hace poco. La U.I.F. emitió una regulación con respecto a esto, la 300/2014, que dice que los sujetos están obligados a informar de las operaciones que resulten sospechosas.

También, según lo que expresara la Lic. Belloso (2021), en Japón se ha legislado sobre las criptomonedas en 2017, reconociéndolas como medio legal de pago. Fue el primer país en reconocerlo, siendo así un ejemplo para el resto.

En El Salvador, el *bitcoin* es de curso legal luego de una Asamblea Legislativa, convirtiéndose en el primer país en aceptar las criptomonedas como un método de pago oficial. Luego de este suceso su precio aumento un 5%. (Zuniga, 2021). Eso le está genreando hoy en día una situación financiera muy complicada, por la baja de coltización de las criptomonedas en los mercados internaconales.

Conclusión

Podemos observar que este tema nos incluye a todos de una manera muy distinta, pero a pesar de esto hay muy pocas legislaciones que regulan y controlan dicho fenómeno, debido a que es muy nuevo y todavía se está probando.

En mi opinión, una mayor cantidad de regulaciones para este tema hará que no solo más personas lo utilicen y confíen, si no que hará que sea más seguro para su uso y así hacer que más países lo utilicen.

Este nuevo concepto podría revolucionar al mundo, haciendo que todos los contratos pasen a ser virtuales y seguros. Por ejemplo, se podría utilizar para un contrato de alquiler haciendo que este se ejecute automáticamente y en el momento en que el inquilino no paga podría tener asociada una cuenta de *bitcoin*s del cual se sacaría el monto que no se pagó, siendo esta una idea para algún futuro se podría pensar cómo hacer para realizar el control del departamento, el cual podría ser tener asociada una empresa inmobiliaria la cual una vez al mes o al año revise las condiciones de este.

Se puede pensar en innumerables de formas para utilizar a la tecnología en nuestro favor así sea transformando los distintos contratos en contratos por internet como nuevas maneras de inversión en el exterior.

Los beneficios de que esto se lleve a cabo pueden ser muchos como, por ejemplo, gastar menos dinero debido a que, como mencioné supra, no se va a necesitar contratar a alguien como intermediario o corredor, disminuyendo la posibilidad de manipulación. También permite que todos los involucrados cuenten con la información completa, generando no solo transparencia, sino que también seguridad y confianza, entre otros beneficios.

También tiene muchas desventajas como, por ejemplo, la eliminación de ciertos tipos de trabajos porque estos ya no serán necesarios. Entiendo que todos se deberíamos capacitarnos realizando algún curso de programación para así hacer más fácil el funcionamiento y entendimiento de los nuevos idiomas que aparecen en los contratos inteligentes. Al ser un algoritmo que no se puede modificar o cambiar, una vez realizado, si se ha cometido algún error este conllevara consecuencias.

Otra desventaja es el tiempo que las computadoras tardan en encriptar, lo que puede llevar un día entero. Seguramente a futuro esto se va a acelerar y hacer de una manera más rápida para así no malgastar energía ni tiempo.

Pero, por más desventajas que este nuevo método conlleve, las personas deberían conocerlo y tratarlo debido a que podría ser en un futuro cercano la forma en la que se maneje tanto la economía como las relaciones humanas. Después de todo, los contratos inteligentes son una nueva forma que, aunque poco conocida, llegó para quedarse.

Referencias bibliográficas y artículos

- Academy, B. 2. (29 de abril de 2021). https://academy.bit2me.com/como-programar-solidity/.

- Belloso, S., Irigoyen, H. A., y Sal, S. (26 de Octubre de 2021). #49 *Blockchain* y Criptomonedas - Económicas UBA. Obtenido de https://www.youtube.com/watch?v=YBm7jgrvie4&t=2s

- Borja Soriano, M. (1962). Teoría General de las Obligaciones. academy, B. 2. (29 de abril de 2021). https://academy.bit2me.com/como-programar-solidity/.

- Hinestrosa, F. Tratado de las obligaciones II: el negocio jurídico. Vol. I, Bogotá: Universidad Externado de Colombia, 2015.

- Martínez, J. A. (2019). Criptomonedas, *Blockchain* y Contratos Inteligentes (tesis de grado). Obtenido de Bogotá D.C., Colombia.

- Monyo, M. A. (2020). Contratos Electrónicos e Inteligentes. Vol. 21 (2020): Estudios de Derecho Empresario. Diplomatura en Derecho Comercial y de las Organizaciones Económicas.

https://revistas.unc.edu.ar/index.php/esdeem/article/view/29514

- Otero Moreiras, I. (23 de Mayo de 2019). Legal Today. Obtenido de Análisis jurídico de los Smart contracts: https://www.legaltoday.com/legaltech/novedades-legaltech/analisis-juridico-de-los-smart-contract-2019-05-23/

- Solidity. (s.f.). http://solidity-es.readthedocs.io/es/latest/index.html.

- Zuniga, I. (26 de Mayo de 2021). *Bitcoin* es legal en El Salvador: momento histórico para las crypto. Obtenido de Platzi: https://platzi.com/blog/*bitcoin*-el-salvador/?gclid=CjwKCAiAqIKNBhAIEiwAu_ZLDt8wso9RAFOrZAmUPCp3aZ7WYxmgVdmomeEkQTupZlR-5TyjCeG30RoCuQUQAvD_BwE&gclsrc=aw.ds

Abadal - Barraza Hurtado - Chero - Escalada - Ferreira - Ibarra - Pereyra - Pio Capcha - Quispe

CONTRATOS Y PROPIEDAD INTELECTUAL.
CASO LONDRA FARIAS
Por Damiana Ferreira[7]

Desarrollo caso - Celebración de buena fe de los contratos - Propiedad intelectual y derechos de autor - Procedencia de la protección - Convención de Berna - ADAPIC - Plazos de duración de los derechos de propiedad intelectual - Transmisión de derechos de autor - Ilícitos en Derechos de autor - Registro de las obras- Efectos de la Inscripción y Edición - Características del contrato de edición - Obligaciones del autor y editor -

1. Introducción al caso.

Hubo un caso que me llamó la atención. Trata de un artista que, al igual que muchos, otros en su juventud firmaron contratos sin experiencia y luego tuvieron que rever cláusulas que les resultaban perjudiciales económicamente.

---

[7] Estudiante de la carrera de Actuario en Administración en FCE- UBA, idiomas : inglés, portugués y español, puesto como asistente contable impositivo del 2018 al 2021 en empresa de Copyright, Actualmente s desempeña en el sector contable en una multinacional en la industria de la química y energía. Email: damianaferreira_94@hotmail.com

Paulo Ezequiel Londra Farias es un artista/rapero/cantante/compositor/freestyler, que ganó la competencia de Freestile en "A cara de perro zoo" en 2017 y quedó en la semifinal de "El Quinto Escalón". Conoció en el año 2017, en Colombia, a Daniel Echeverria Oviedo, alias *"Ovi on the drums"* y a Cristian Andrés Salazar, alias *"Cristoman"*. En una relación de amistad - basada en confianza - decidió trabajar juntos a ellos para promover su carrera artística.

Crearon una sociedad en Miami llamada "Big Ligas", una Limited Liability Partnership (LLP), asignando con un tercio de las acciones para cada uno de ellos. Sin embargo, los ingresos se diferenciarían por las actividades. La sociedad administraría las ganancias del artista y los derechos de uso de su imagen para luego distribuirlas según lo pactado.

El Sr. Londra demandó judicialmente a Big Ligas LLP, en una corte en los tribunales de Miami, Estados Unidos de Norteamérica ya que los contratos firmados tienen jurisdicción en dicho país, alegando que al viajar solo se aprovecharon de su inocencia e ingenuidad y de no tener asesoramiento profesional al momento de firmar un memorándum de acuerdo donde le cedía a Big Ligas LLP sus servicios exclusivos como artista con cláusulas abusivas perjudicando su economía.

En ese memorándum acordaron que la sociedad se realizaba con el objeto de poder negociar contratos con discográficas de forma exclusiva de parte de Paulo Londra y se estipulaba el compromiso de Londra para brindar sus servicios como músico, compositor, artista en general de forma exclusiva para Big Ligas LLP por tres años, prorrogable por 1 año.

Asimismo, el artista se comprometía a no trabajar por seis meses después de finalizado el contrato, cediendo el copyright y otros derechos de propiedad intelectual a la sociedad, así como la explotación de todas las obras que el hiciera, de forma perpetua. En este memorándum ciertos acuerdos requerirían consentimiento de todas las partes mediante una carta de entendimiento.

Ovy on the drums y *Cristoman* serían los responsables de las cuestiones administrativas de la junta, incluidos sin limitación, la posibilidad de autorizar a terceros a vender, explotar trabajos y bienes e ingresar en acuerdos con otras discográficas respecto del trabajo del artista. Además, serían responsables de la recolección de las ganancias, miembros, gerentes ejecutivos de la empresa con autoridad exclusiva para firmar acuerdos y actuar en su nombre.

El artista no podría obligar a la sociedad, pero la sociedad sí podría obligar al artista a usar su imagen para la publicidad, comercio, su nombre y material biográfico. Londra cedió a la sociedad el 100% de todos los derechos, títulos e intereses de las composiciones. Fue así como Big Ligas LLP tendría el derecho a retener la totalidad de los ingresos obtenidos con respecto a la explotación de cualquier composición, imagen, etc. previo distribuirlo al artista

Luego del éxito del álbum "Homerum" que Big Ligas LLP negoció con el grupo Warner Music la sociedad volvió a firmar otro contrato por un segundo álbum. Si bien el contrato con Big Ligas LLP venció en febrero 2021, Paulo Londra no cumplió lo acordado con Warner ya que nunca grabó un segundo álbum, alegando que el contrato firmado entre Big Ligas LLP y Warner fue realizado en fraude a sus intereses.

Adujo que el contrato que firmó con Big Ligas LLP fue hecho para perjudicarlo, ocasionándole perjuicios económicos graves.

Londra invocó vicios en el acto jurídico, similares a los establecidos en el art.332 del Condigo Civil y Comercial de la Nación – CCyCN - (Lesión) el que establece que puede demandarse la nulidad o la modificación de los actos jurídicos cuando una de las partes explotando la necesidad, debilidad síquica o inexperiencia de la otra, obtuviera por medio de ellos una ventaja patrimonial evidentemente desproporcionada y sin justificación.

Se presume, excepto prueba en contrario, que existe tal explotación en caso de notable desproporción de las prestaciones. Los cálculos deben hacerse según valores al tiempo del acto y la desproporción debe subsistir en el momento de la demanda. (Curá, 2015). El afectado tiene opción para demandar la nulidad o un reajuste equitativo del convenio, pero la primera de estas acciones se debe transformar en acción de reajuste si éste es ofrecido por el demandado al contestar la demanda. Sólo el lesionado o sus herederos pueden ejercer la acción.

Con fin de evitar contratos donde una parte se aproveche de la otra que se considera débil la ley tiene instrumentos para evitar esos desequilibrios o abusos. El principio de protección de la parte débil que se sustenta y deduce de la igualdad uno de los principios generales que rige y que inspiran el régimen contractual junto con la autonomía de la voluntad la cual presupone libertad.

Relacionando el caso con lo establecido en el CCyCN observamos que el art. 968 define los contratos conmutativos y aleatorios como aquellos onerosos que otorgan ventajas ciertas para todos los contratantes. Son aleatorios, cuando las ventajas o las pérdidas, para uno de ellos o para todos, dependen de un acontecimiento incierto. Esto siempre que no se perjudique los derechos de terceros que en el caso que del Sr. Londra y Big Ligas LLP afectaría los derechos de Warner al haber un contrato que no se cumplió por parte de Big Ligas LLP por incumplimiento de Paulo Londra. En caso de no cumplirse lo acordado, Warner podrá realizar acciones legales contra la sociedad.

Siguiendo el caso Londra-Big Ligas y suponiendo que hubo lesión en los términos establecidos en el CCyCN podremos citar el art. 1121 donde dispone que no pueden ser consideradas abusivas: a) las cláusulas relativas a la relación entre el precio y el bien o el servicio procurado; y

b) las que reflejan disposiciones vigentes en tratados internacionales o en normas legales imperativas.

Pero ello no evita que si lo puedan ser en el caso de que dichas clausulas pudieran ser lesivas a una de las partes o beneficien de manera desproporcionada a una de ellas por haberse aprovechando de la inexperiencia o debilidad de la otra.

Además, según lo establece la misma norma las cláusulas abusivas se tienen por no convenidas.

Por otro lado, cuando se prueba una situación jurídica abusiva derivada de contratos conexos, el juez debe aplicar lo dispuesto en el artículo 1075 *"Efectos. Según las circunstancias, probada la conexidad, un contratante puede oponer las excepciones de incumplimiento total, parcial o defectuoso, aún frente a la inejecución de obligaciones ajenas a su contrato. Atendiendo al principio de la conservación, la misma regla se aplica cuando la extinción de uno de los contratos produce la frustración de la finalidad económica común."*.

El Sr. Londra – si el caso hubiera sido llevado adelante en jurisdicción argentina – podría invocar que el contrato no se celebró de buena fe, tal como lo indica el art.961 del CCyCN *"Los contratos deben celebrarse, interpretarse y ejecutarse de buena fe. Obligan no sólo a lo que está formalmente expresado, sino a todas las consecuencias que puedan considerarse comprendidas en ellos, con los alcances en que razonablemente se habría obligado un contratante cuidadoso y previsor."*

Teniendo en cuenta que Londra demanda sus derechos de autor y recibir sus ingresos por los derechos intelectuales de sus obras pasaremos a la definición y desarrollo de Propiedad intelectual y Derechos de autor

2. La Ley 11.723 – Régimen Legal de la propiedad Intelectual

Los derechos de autor son los que posee quien las crea obras literarias, científicas, programas de computación, bases de datos y en este caso artísticas. Los derechos conexos se denominan así por la conexión que tienen con los derechos del autor y son dependientes de la existencia previa de las obras protegidas. Tienen facultades no exclusivas sobre estas obras, son titulares de derechos conexos los artistas intérpretes y ejecutantes, los productores de fonogramas y los organismos de radiodifusión porque contribuyen a la difusión de las obras de autor. (Lima, 2014)

Las obras protegidas por la ley 11.723 son en sentido general enumeradas en su primer artículo, pudiendo incluirse derechos de autor, aunque no estén expresamente mencionados, siempre y cuando se cumpla con la condición de ser una creación original, dejando así abierta la posibilidad de protección a las nuevas creaciones resultantes de la evolución tecnológica.

La ley no protege las ideas, las ideas son libres. Lo que la ley ampara en definitiva es el producto del esfuerzo personal realizado para lograr una obra unitaria y original, esa forma de expresar la idea teniendo si rasgo propio y distintivo de individualidad y originalidad

En el caso de las obras protegidas bajo el sistema de los derechos de autor y derechos conexos, solo sus autores o titulares pueden autorizar o prohibir cualquiera de las formas posibles de explotación de las obras que pudiera existir. Esta descripción es de carácter enunciativa otorgando facultades de carácter ilimitado a su titular en relación de la obra.

Cuando un autor transfiere la obra como objeto material, por ejemplo, una escultura, debe explicar qué derechos patrimoniales transfiere junto con la obra y cuáles no. Los derechos intelectuales que no han sido expresamente transferidos quedan en la mente del autor, originando casos como en museos y archivos donde la tenencia de la propiedad material no implique necesariamente la posibilidad de disponer libremente de la obra incorporada a su patrimonio.

Los autores de las obras protegidas bajo la ley de protección de propiedad intelectual no tienen la obligación de explotarla si no lo desean, pudiendo dejar sus obras inéditas y jamás conocidas por el público. Al contrario, el autor de la obra puede exigir la explotación de si obra al editor o empresa de espectáculo una vez firmado el contrato y si no se cumple el contrato por parte del editor o empresa de espectáculo pierde derecho exclusivo de explotación sobre la obra y debe indemnizar al autor.

A la hora de reconocer los Derechos de Autor y Derechos Conexos no se necesita ningún trámite formal por el hecho de que estos derechos nacen en la mente del autor desde el mismo acto de creación o generación de la obra. El autor de la obra tiene el derecho de decidir si da o no a conocer el resultado de su obra y en su caso por qué medios y de qué forma.

Estos depósitos o registros de la obra de autor sirven para la publicidad de autoría frente a terceros y dará fecha cierta al documento que servirá de prueba en caso de litigio ante los tribunales.

En caso de que el autor decidiera no difundir su obra por un tiempo o no difundirla nunca, podrá igualmente hacer el depósito o registro de la obra como inédita. Esta opción no sería viable para los casos de secretos industriales, ya que el potencial valor económico de este tipo de conocimientos radica en el permanente secreto de los mismos, no existe forma de registro de propiedad, porque implicaría la divulgación del conocimiento protegido. Para mantener su carácter de secreto, su transmisión se realiza bajo la firma de acuerdos de confidencialidad.

Si por determinadas circunstancias se tuviesen que difundir ante algún organismo como SENASA (Servicio Nacional de Sanidad y Calidad Agroalimentaria) o INASE

(Instituto Nacional de semillas), existe la obligatoriedad para los funcionarios y empleados de estos organismos de mantener en secreto los datos, bajo pena de ser pasibles de sanciones civiles y penales, siendo que los conocimientos secretos una vez difundidos si bien no pasarán a ser parte del dominio público, podrán ser copiados y/o modificados de tal forma que hagan perder al autor parte de sus derechos.

En el ámbito de los derechos industriales es común que existan varias investigaciones en distintas organizaciones o instituciones sobre el mismo tema para el progreso. Es estos casos las normativas de derechos industriales en general le dan prioridad al primero que solicite el registro, según la doctrina alemana "efecto bloqueo" en virtud del cual el derecho de solución para proteger los intereses de un segundo inventor.

En el caso de la información no divulgada, puede ocurrir que dos o más personas hayan desarrollado el mismo conocimiento cada uno por su cuenta de manera separada y ambas ser legitimas.

Los derechos de autor u derechos conexos no producen el "efecto bloqueo" por la poca probabilidad de que diferentes autores presenten la misma obra, justamente la obra tiene que ser original y con personalidad del autor, esto hace imposible la casualidad de existencia de dos obras idénticas.

Si existiera plagio se dará de baja su registración luego del reclamo del verdadero autor y la verificación del derecho, otorgándole el derecho al verdadero autor.

3. La jurisdicción de protección de los derechos de propiedad intelectuales.
Convención de Berna.

La solicitud de propiedad intelectual sobre los derechos industriales es de carácter territorial. Si lo quiere hacer valer en otro país lo va a tener que solicitar nuevamente en dicho territorio.

En caso de los derechos de autor y conexos, el reconocimiento de los derechos es de carácter internacional. El autor puede hacer valer sus derechos en todos los países que han adherido a la convención de Berna y al Acuerdo de los derechos de propiedad Relacionados con el comercio (ADAPIC).

Del acuerdo de Berna destacaremos 3 principios básicos:
1. Las obras originadas en alguno de los estados contratantes podrán recibir en cada uno de los demás estados contratantes la misma protección que estos otorgan a las obras de sus propios ciudadanos;
2. Esa protección no debe estar condicionada al cumplimiento de formalidad alguna
3. Es independiente de la existencia de una protección correspondiente en el país de origen de la obra.

Sin embargo, si un estado contratante provee un plazo más largo que el mínimo prescrito por la convención, y la obra deja de estar protegida en el país de origen, la protección le puede ser negada una vez que cese la protección en el país de origen. (Convención de Berna, 1979)

El convenio de Berna abarca diferentes aspectos relacionados con la protección de las obras artísticas, como criterios para la protección, derechos morales y garantizados, vigilancia de la protección, derecho de difusión, derechos de traducción y reproducción, derechos de adaptación, arreglo y otra transformación, entre otros.

Del acuerdo sobre los aspectos de los derechos de propiedad intelectual relacionados con el comercio (ADAPIC) destacaremos el artículo 3º que establece cada país miembro concederá a los nacionales de los demás miembros un trato no menos favorable que el que les otorgue a los propios con respecto a la protección de la propiedad intelectual.

Con respecto a la protección de la propiedad intelectual, toda ventaja, favor, privilegio o inmunidad que conceda un País Miembro a los nacionales de cualquier otro país se otorgará inmediatamente y sin condiciones a los nacionales de todos los demás países miembros.

Quedan exentos de esta obligación toda ventaja, favor, privilegio o inmunidad concedidos por un Miembro que:

a) se deriven de acuerdos internacionales sobre asistencia judicial o sobre observancia de la ley de carácter general y no limitados específicamente a la protección de la propiedad intelectual;

b) se hayan otorgado de conformidad con las disposiciones del Convenio de Berna (1971) o de la Convención de Roma que autorizan que el trato concedido no esté en función del trato nacional sino del trato dado en otro país;

c) se refieran a los derechos de los artistas intérpretes o ejecutantes, los productores de fonogramas y los organismos de radiodifusión, que no estén previstos en el presente Acuerdo; o que

d) se deriven de acuerdos internacionales relativos a la protección de la propiedad intelectual que hayan entrado en vigor antes del Acuerdo sobre la OMC, a condición de que esos acuerdos se notifiquen al Consejo de los ADPIC y no constituyan una discriminación arbitraria o injustificable contra los nacionales de otros Miembros.

3.1 **Plazos de Protección**.

Los plazos de duración de los derechos de propiedad intelectual difieren de acuerdo con el derecho de propiedad sobre el bien de que se trate. Transcurrido dicho término, los derechos de propiedad se extinguen para su titular y los bienes pasan a formar parte del dominio público. Es decir que cualquier persona puede beneficiarse con el uso del bien si pedir autorización.

Los plazos, en el caso de los bienes protegidos bajos los regímenes de Propiedad Industrial son:

- Patentes de invención 20 años. Contados desde la fecha de presentación de la solicitud.
- Modelos de utilidad 10 años desde la fecha de presentación.
- Marcas de fábrica y de comercio, 10 años desde la fecha de otorgamiento (renovables en forma ilimitada.)
- Dibujos y modelos industriales, de 5 años prorrogable por dos periodos consecutivos a solicitud del autor. Contados desde la fecha de otorgamiento.
- Indicaciones geográficas duración indefinida.
- Esquemas de trazado de circuitos integrados no menor a 10 años.
- Variedades vegetales no menos de 15 años y hasta 20 años de acuerdo con la especie de que se trate. - protección de la información no divulgada (secretos industriales o know how) no tiene limitación en el tiempo, dura mientras se mantenga en secreto la información sobre el desarrollo tecnológico.

En el caso de derechos de Autor y Derechos conexos:

- Obras literarias y científicas y algunas obras artísticas, los programas de computación y las bases de datos, el derecho de propiedad exclusivo existe durante toda la vida del autor y a partir de la muerte del autor subsiste durante 70 años a favor de sus herederos o derechohabientes.
-Cinematográficas 50 años a partir de la muerte del último colaborador. (art. 34)

-Fotográficas 20 años desde la primera publicación. - cartas 20 años a partir de la muerte del autor.

Respecto de Derechos conexos:
- Artistas intérpretes o ejecutantes 70 años desde que su interpretación o ejecución fue fijada en un fonograma.
- Productores de fonogramas. 70 años desde la fijación.
- Organismos de radiodifusión. 50 años a partir de su emisión. Como se advierte, existe una gran diferencia de límite de tiempo de protección entre ambos institutos y ello se debe a que el interés social juega un rol más destacado en la rama de los derechos industriales, pues en caso de permitir un tiempo de protección más prolongado en beneficio de su titular, se vería impedido o dificultado por más tiempo el progreso científico, técnico e industrial.

Tanto las legislaciones nacionales e internacionales prevén caso de limitaciones a los derechos patrimoniales de los titulares de los derechos tales como que se trate de determinados casos especiales o que el uso no afecte la normal explotación del activo de propiedad intelectual, que su uso no cause perjuicio a los intereses legítimos del titular de derecho, teniendo en cuenta los intereses legítimos de terceros

La propiedad intelectual sobre sus obras corresponde a los autores durante su vida y a sus herederos o derechohabientes hasta 70 años contados a partir del 1°

de enero del año siguiente al de la muerte del autor. En los casos de obras en colaboración, este término comenzara a contarse desde el 1° de enero del año siguiente al de la muerte del último colaborador. En caso de que un autor falleciera sin dejar herederos y su herencia quedase vacante, esos derechos sobre sus obras pasaran al estado sin perjuicio de derechos de terceros.

La existencia de estas legislaciones que protegen la propiedad intelectual es importante para el desarrollo económico de los países. El conocimiento y la creatividad de las personas y empresas como activo intangible si está protegido, puede convertirse como capital intelectual en sentido monetario, significando esto un bien de alto valor de cambio para la empresa, institución o individuo.

Para tener dichos rendimientos, los titulares de derechos deben explotarlos financieramente ya sea de manera independiente o a través de acuerdos comerciales como los contratos de cesión de derechos, de licencia.

Para las empresas o instituciones es de vital importancia tener un inventario de los bienes protegidos bajo el sistema de propiedad intelectual para identificar el potencial con el cual se cuenta.

Una vez identificados los bienes con los que se cuenta se deben determinar bajo que legislación quedan resguardados; se deberá establecer cuales pertenecen al dominio público o privado de la empresa o institución o si perteneces a terceros; se deberá establecer quien detenta la titularidad sobre los mismos; como último paso se deberá hacer constar las autorizaciones, permisos o licencias de uso o reproducción que existan sobre cada activo.

3.2 **Titularidad.**

En cuanto a la titularidad se destaca que las diferentes leyes que tratan de conocimientos protegibles resuelven la atribución de titularidad de diferente manera.

En el caso de patentes de invención y modelos de utilidad atribuye al empleador la titularidad de las invenciones de servicio realizadas en el marco de una relación de trabajo.

En relación con los derechos de autor, la solución generalmente le favorece menos al empleador, la leyes autorales, nacionales e internacionales, atribuyen por lo general los derechos económicos y morales a los creadores, como una forma de reconocimiento a su impronta personal.

Siguiendo este mismo criterio en los países que siguen el modelo del derecho continental europeo como el argentino, las personas jurídicas no pueden ser titulares originarios de derechos autorales. Así lo reconoce la ley 11.723, exceptuando la creación de programas de computación que le pertenecen al empleador.

3.3 **Registro de las obras.**

El registro de las obras está a cargo de la Dirección Nacional del Derecho de Autor. El registro inscribe obras intelectuales, o sea bienes inmateriales, registra en consecuencia las cosas que encarnan y corporizan la obra intelectual como elemento de individualización de esta y para preconstituir mejor la prueba del derecho de autor. (Emery, 2003)

En las legislaciones modernas, los derechos de los autores existen sin necesidad de registro, pero estos constituyen elementos de orden y seguridad jurídica. Y, aunque meramente o archivo declaratorias, cumplen funciones primordiales como la de seguridad y publicidad.

3.4. Características del registro en la República Argentina.

a) Legalidad: el acto administrativo de registro implica un examen y calificación de la obra o contrato del cual se solicita su inscripción

b) Folio real: el punto de referencia es la obra la que, por su título, ingreso como objeto registrable según el soporte en el que se presente.

c) Incorporación o archivo: cuando los ejemplares son múltiples uno queda depositado en el registro para su archivo.

3.5 El sistema registral de la ley 11.723.

El sistema de publicidad establecido por esta ley en los artículos 57 a 68 de la ley 11.723 prevé el registro obligatorio de toda obra literaria, científica u artística publicada. Esta obligación tiene la particularidad de que, si dentro de los 90 días de publicada la obra esta no se registra, el derecho de autor queda en suspenso y surge una licencia o restricción no remunerativa para utilizarlo económicamente. Se la puede editar, representar, ejecutar, etc. sin necesidad de autorización alguna, pero siempre con respeto del derecho moral del autor, que incluyen: la utilización de la obra integra, sin mutilaciones, con el nombre del autor y su título. Se trata, entonces de un registro que, sin su constitutivo de derechos, resulta necesaria a los efectos de su ejercicio.

3.6. Efectos de la Inscripción.

El certificado de depósito legal en la DNDA es el título que garantiza a favor de quien ha sido otorgado el ejercicio de los derechos de autor, los que deben ser reconocidos judicialmente, salvo prueba en contrario que destruya esa presunción legal.

4. Contrato de Edición.

Habrá contrato de edición cuando el titular del derecho de propiedad sobre una obra intelectual se obliga a entregarla a un editor y éste a reproducirla, difundirla y venderla. El contrato de edición es aquel por el cual el autor de una obra literaria, musical o artística-o su derechohabiente- autoriza a una persona física o jurídica, y esta se obliga a reproducir en forma gráfica, de manera uniforme y directa, un número determinado de ejemplares, a publicitarlos y venderlos al público por su cuenta y riesgo, sin subordinación jurídica, así como a pagar a la otra parte una remuneración proporcional a los producidos por la venta de ejemplares. (Emery, 2003).

La ley Argentina 11.723 estructura el contrato de edición y representación como contratos de licencia y no de cesión, según surge de los artículos 38 y 47. El artículo 38 establece que *"El titular conserva su derecho de propiedad intelectual, salvo que lo renunciare por el contrato de edición. Puede traducir, transformar, refundir, etcétera, en obra y defenderla contra los defraudadores de su propiedad, aún contra el mismo editor."* mientras que el artículo 47 indica que *"La aceptación de una obra no da derecho al aceptante a su reproducción o representación por otra empresa, o en otra forma que la estipulada, no pudiendo hacer copias fuera de las indispensables, ni venderlas, ni locarlas sin permiso del autor."* De modo que por el contrato de edición el autor solo otorga la autorización para imprimir, difundir y vender la obra.

En el contrato de edición musical es usual que:
a) Se concedan al editor derechos exclusivos de subedición y explotación de la obra en todas sus formas, incluida la comunicación publica
b) Se confiera al editor una participación en los ingresos que corresponden al autor por la explotación de la obra

c) No se contrate una sola tirada sino un número indeterminado de tiradas, aunque el editor debe mantener una existencia a disposición del publico

No obstante, lo mencionado el editor tiene derecho a:
a) A hacer arreglos musicales, versiones de la letra en otros idiomas, orquestaciones, transcripciones para otros instrumentos o conjuntos a editar y poner en circulación estas versiones.
b) A utilizar la obra en álbumes
c) A editar separadamente la letra de la música

El plazo de duración del contrato es la vida del autor y todo el tiempo de duración del derecho

4.1 Características del contrato de Edición

Las características del contrato de edición son:
a) Bilateral, pues ambas partes asumen obligaciones reciprocas, es decir, que las partes se obligan la una a la otra: el autor, de entregar la obra al editor y este, de imprimirla, publicitarla, distribuirla y venderla y de abonar la remuneración al autor.

b) Oneroso, pues de lo contrario no constituye un contrato de edición: el editor debe realizar la edición por su cuenta y riesgo, sin subordinación jurídica. La edición por cuenta del autor o la edición a medias, no constituyen contratos de edición sino contratos contrato de locación de obra el primero y de sociedad accidental o en participación el segundo. Tampoco hay contrato de edición si el autor renuncia a cobrar la remuneración.

Nuestra ley establece en el artículo 40 que en el contrato de edición debe figurar la retribución pecuniaria del autor o sus derechohabientes, considerándose siempre oneroso.

c) Consensual, pues la obligación de entregar la obra al editor para su impresión, publicidad, distribución y venta no tiene relación con la etapa de perfeccionamiento del contrato sino con la de cumplimiento.

d) Conmutativo, porque las prestaciones de las partes son ciertas: el autor se obliga a entregar la obra al editor y este, a imprimirla, publicitarla, distribuirla y venderla y abonar la remuneración.

e) Es limitado a los derechos de explotación que el autor expresamente autoriza a ejercer al editor, dentro de determinada área geográfica, durante cierto tiempo y por el número de ediciones convenidas y la cantidad de ejemplares autorizados

f) Es *intuitu personae* por las razones expuestas, al abordar los principios generales aplicables a los contratos de explotación de las obras. (Lipszyc, 2019)

4.2. Obligaciones del autor

El autor tiene la obligación de entregar la obra al editor para su reproducción. Asimismo, el autor tiene a su cargo efectuar las correcciones de las pruebas de imprenta y garantizar al editor que la obra es original suyo y que no infringe otros derechos de autor. Esta obligación es denominada por la doctrina como "obligación genérica de garantía".

Si el autor incumple esta última obligación y la obra no es de su autoría, serán responsables frente a terceros tanto el editor como aquel. No obstante, el editor tendrá una acción de repetición contra el autor. (Lipszyc, 2019)

4.3. Obligaciones del editor

El artículo 37 de la ley 11.723 establece las obligaciones del editor de reproducir - por cualquier medio autorizado por el autor -, de difundir y de vender la obra. No obstante, en los artículos siguientes la ley dispone obligaciones adicionales del editor, tales como que el titular conserva su derecho de propiedad intelectual, salvo que lo renunciare por el contrato de edición.

4.4. Derechos del editor y del autor

La primera parte del art. 39 de la ley 11.723 reitera que el editor solo tiene los derechos vinculados con la impresión, difusión y venta, establecidas en el artículo 37 que define el contrato de edición. Sin embargo, agrega una obligación fundamental a cargo del editor: el respeto moral del autor

En este aspecto, la norma alude al derecho moral del autor a que se represente la integridad de la obra, cuando establece que el editor no podrá alterar el texto de la obra.

No puede publicar la obra con condiciones, supresiones o cualesquiera otras modificaciones, sin el consentimiento escrito de autor. El autor tiene derecho a que su pensamiento no se modificado o desnaturalizado y la comunidad tiene derecho a que los productos de la actividad intelectual creativa le lleguen en su auténtica expresión. Quienes editan obras derivadas (por ser el resultado de la transformación de obras existentes), como adaptaciones, traducciones, modificaciones y ampliaciones, reducciones o resúmenes, compendios, deben mencionar que se trata de una transformación y el nombre del autor de esta.

Si bien la norma en comentario no se refiere específicamente al derecho de paternidad la obligación de mencionar el nombre del autor-, esta surge de las disposiciones de la ley sin necesidad de que integre el tipo contractual, aunque es habitual que el contrato se refiera a este aspecto, así como a otros, tales como la calidad de la edición.

El autor puede decidir si figurará su verdadero nombre, o un seudónimo o, finalmente, si permanecerá anónimo.

En virtud de lo dispuesto por el artículo 3 de la ley 11723, en el caso de que el autor opte por utilizar un seudónimo o mantener el anonimato, el editor deberá ejercer en relación con la obra los derechos y obligaciones del autor. No obstante, el autor podrá recabarlos para sí, justificando su calidad de tal. (Lipszyc, 2019)

Conclusión

Volviendo al caso "Londra y Big Ligas LLP", el día 10 de noviembre del 2021 en Miami con el juez Thomas William a cargo, se llegó a un acuerdo. De dicho acuerdo surgiría de que Paulo Londra ya no tiene obligaciones con Big Ligas LLP y Warner continuará administrando los trabajos existentes de Londra. (Billboard Argentina, 2021)

Por todo lo desarrollado se puede ver que se trata siempre de proteger al autor de las obras -cosa que parece haber sucedido con el Sr. Londra -, siempre y cuando no se perjudique los derechos de terceros, en este caso los de Warner, y que los contratos pueden ser de tantas formas posibles que hay que analizarlo muy detalladamente para no caer en contratos abusivos.

Referencias Bibliográficas y Artículos:

- Billboard, "Paulo Londra y Big Ligas resolvieron la demanda por disputa contractual",10-11-2021, https://billboard.com.ar/paulo-londra-y-big-ligas-resolvieron-la-demanda-por-disputa-contractual/

- Convenio de Berna, https://culturalrights.net/es/documentos.php?c=18&p=187

- Curá, José María, Derecho Privado Sociedades y otras formas de organización jurídica de la empresa, 2015, Editorial La Ley.

- Emery Miguel Ángel, propiedad Intelectual, ley 11723 comentada y concordada con los tratados Internacionales, 2003, Editorial Astrea.

- Lima Maria Clara, Nociones Básicas sobre propiedad Intelectual, 2017, Artículo,
http://sedici.unlp.edu.ar/handle/10915/40331

- Lipszyc Delia, Régimen Legal de la Propiedad Intelectual, 2019, Editorial Hammurabi.

- Lowers for the entertainment, 08-09-2 services
http://yuleseberg.com/news/tag/Helen+Yu021

- OMC,
https://www.wto.org/spanish/tratop_s/trips_s/t_agm2_s.htm

ANÁLISIS JURÍDICO DE LAS OBLIGACIONES Y OBLIGACIONES NEGOCIABLES EN MONEDA EXTRANJERA

Por Nicolás Matías Ibarra[8]

Introducción – Obligaciones Negociables - Historia y problemas con el régimen cambiario en las obligaciones negociables - Ley de Financiamiento Productivo N° 27.440 Caso de emisión de Obligaciones Negociables.

Introducción

La ley de Obligaciones Negociables del año 1988 estableció las condiciones para la emisión de títulos a los fines de que las sociedades comerciales pudieran solventar sus necesidades de financiamiento mediante la emisión de títulos de deuda, ya que el marco regulatorio para la toma de empréstitos de estas sociedades no había quedado completo en la Ley 19.060 de Mercado de Capitales del año 1971, que únicamente contempló en su Capítulo cuarto los "Bonos Convertibles". La ley General del Sociedades Comerciales (19.550) (LGS) tampoco

---

[8] Estudiante de la carrera de Actuario en Economía FCE - UBA. Mail: nicolas.ma.ibarra@gmail.com

contempló ni contempla un apartado específico para la emisión de pasivos.

En este trabajo buscaré analizar, desde un punto de vista jurídico, las características particulares y principales de este instrumento y sus consecuencias en el financiamiento de modelos productivos mediante la emisión de obligaciones en moneda extranjera en un contexto de cepo cambiario. También haré un análisis de la ley original del año 1988 y de su modificación y actualización más reciente, la ley 27.440 (ley de Financiamiento Productivo) promulgada en el año 2.018.

1. Obligaciones negociables

La característica principal y novedosa que proporcionó esté tipo de endeudamiento, a diferencia de una toma de crédito normal mediante una institución financiera o una emisión nueva de acciones para captar más capital, es que se trata de un activo negociable y líquido para el acreedor, de un pasivo ofrecido mediante oferta pública y, por ende, que pueda alcanzar mayor captación de fondos, tanto de instituciones financieras como de particulares interesados en invertir. Además, permite a las sociedades diseñar un tipo de financiamiento específico según sus necesidades de liquidez, plazo y tasa de interés, que sería difícil de conseguir en una entidad financiera convencional. Por último, generalmente la tasa de interés es más baja a lo que se suman las deducciones impositivas relacionadas a la toma de empréstito.

Las obligaciones negociables de una misma empresa pueden estar segmentadas en diferentes clases que pueden tener distintas condiciones y derechos. Todas estas características y beneficios permitieron que se pudiera generar, a partir del marco normativo, una mayor participación en el mercado de capitales, lo que aumentó la lista de las sociedades que buscaban estar inscriptas en la bolsa de comercio para poder emitir las obligaciones, así como de particulares e instituciones financieras que deseaban adquirirlas.

Uno de los principales beneficios para los oferentes de crédito se da en los fondos de comunes de inversión y en particular aquellos que estaban destinados a ser planes de jubilación, como lo fueron las Administradoras de Fondos de Jubilación y Pensiones (AFJP) desde el año 1994 hasta el año 2008, o el mismo Fondo de Garantía de Sustentabilidad (FGS) del ANSES creado luego de la reestatización del sistema de pensiones privadas, ya que el precio de reventa de las obligaciones negociables en el mercado secundario no suele ser tan fluctuante como los de las acciones, sino que están asociados a la antigüedad de la emisión y su valor presente neto actual, lo cual permite brindar una mayor estabilidad y seguridad a los administradores del fondo que en caso de necesitar liquidar las posiciones ante necesidades de efectivo de los depositantes no se pierda valor en esa liquidez, lo cual es relevante para las situaciones extraordinarias en las cuales aumenta la demanda por liquidez, como por ejemplo una crisis económica.

Como se observa, las obligaciones negociables son un instrumento muy eficiente y necesario en un mercado de capitales, sea este desarrollado o no (incluso podría hacer que éste se desarrolle al brindar más incentivos a los inversores). Los beneficios que trae para oferentes - demandantes de crédito - y la liquidez que proporciona dan seguridad y estabilidad a los precios de estos activos.

Sin embargo, más allá de ser un instrumento muy eficiente, regulado y con una alta seguridad jurídica también puede traer complicaciones de incumplimiento de pago como cualquier otro tipo de obligación.

1.1. Historia y problemas con el régimen cambiario en las obligaciones y obligaciones negociables

Un gran problema para las obligaciones negociables es su dependencia de la macroeconomía del país. La República Argentina un país que se ha mantenido con finanzas públicas inestables y deuda externa, por lo que su tasa de interés es alta a nivel global comparada con otros países de la región (Infobae, 2021).

Un problema relevante para las obligaciones negociables es el "cepo cambiario" ya que el control de capitales puede tener efectos sobre la posibilidad que brinda la ley 23.576 en su artículo 4 que permite *"...la emisión de obligaciones negociables denominadas en moneda extranjera, pudiendo suscribirse en moneda nacional, extranjera o en especie. En el caso que las condiciones de emisión establezcan que los servicios de renta y amortización son pagaderos exclusivamente en moneda extranjera no será de aplicación lo dispuesto en el artículo 765 del Código Civil y Comercial de la Nación...."* ya que, en principio debería cancelarse en la moneda extranjera prometida. Está dificultad conlleva que los emisores de obligaciones negociables tengan que ser autorizados por el Banco Central de la República Argentina (BCRA) y la Comisión Nacional de Valores (CNV) para obtención de moneda extranjera (que se realizaría en mercados paralelos al mercado oficial de cambios del BCRA[9]) para hacer frente a sus obligaciones o para refinanciar la misma.

Vale la pena considerar que el artículo 4 de la ley de obligaciones negociables fue modificado en el año 2018 mediante la ley de Financiamiento Productivo, que en la

---

[9] Con "mercado oficial de cambios del BCRA" nos referimos a la que se podría obtener de forma directa en un intercambio de pesos por dólar mediante el Mercado Abierto Electrónico(MAE) y con mercado paralelo nos referimos a que sean en el marco legal pero no por ese medio, por ejemplo el Dólar Mercado Electrónico de Pagos (MEP) y Dólar Contado con Liquidación (CCL) que es la obtención de dólares mediante la compra de un bono de ley local o extranjera en pesos para luego venderlo en dólares y así formar un tipo de cambio implícito entre ambos bonos. Nunca nos referimos al mercado paralelo ilegal (también llamado Mercado Blue) el cual sería cualquier acto jurídico que quede comprendido en el régimen penal cambiario regulado por la ley 19359 en el cual las sociedades muy grandes y reguladas no pueden acceder por los montos operados de estas ni por la regulación a la cual son sometidas.

redacción original del artículo 4 mencionaba que "...*Es permitida la emisión en moneda extranjera. La suscripción, así como los servicios de renta y amortización, se adecuarán a las normas que rijan en el mercado cambiario...*", sin especificar nada sobre qué sucedería para el caso en el cual el deudor deseara cumplir la obligación mediante el pago en la conversión del monto en moneda extranjera al monto en moneda de curso legal (para el tipo de cambio oficial) ya que sería considerada como una obligación en especie y no de dar dinero.

Es cierto que luego de la redacción de la ley original, en agosto de 1988 se ejecutó el "Plan Primavera"[10], el cual consistió en una serie de medidas para contener la economía dentro de la cuales estaba la imposición de un régimen de tipo de cambio desdoblado, lo que afectó a lo previsto por la ley a pesar de ser ésta regulada mediante la normativa A1362 del BCRA. Sin perjuicio de ello, la situación económica del país no era la mejor ya allí surgió una la crisis con hiperinflación entre finales de 1988 hasta 1991, lo que afectó también a la emisión de estos instrumentos.

---

[10] El plan primavera fue el plan planteado por el gobierno de Raúl Alfonsín por su ministro de economía Juan Vital Sourrouille el cual fue realizado con la idea de "aliviar" la economía para las elecciones presidenciales del año 1989, en un contexto de alta inflación y de fuerte crisis e inestabilidad económica del país se congelaron precios, fue desdoblado el tipo de cambio y una reducción del déficit fiscal. No obtuvo los objetivos buscados ya que luego de este plan comienza la Hiperinflación argentina de 1989-1991

La ley de Convertibilidad del año 1991 - quedando establecida la paridad de 10.000 australes a 1 peso – al crear una economía bimonetaria generó plena libertad de movimientos de capitales y de toma de obligaciones tanto en pesos como en dólares estadounidenses, mediante la comunicación "A"1907 (BCRA, 1991) que estableció nuevos requisitos sobre la emisión de obligaciones negociables complementado la ley de 1988 para su aplicación en el nuevo régimen bimonetario. El instrumento tuvo una fuerte aceptación en estas condiciones de previsibilidad (La Nación,1998). Luego, por la grave situación económica que transitó el país desde el año 1998 - que terminó con la crisis de la convertibilidad en el año 2001- volvió a deteriorarse las condiciones de emisión de estas obligaciones.

La vuelta de controles de capitales (y de también los retiros de efectivo) con el decreto 1570/2001 en el gobierno de Fernando De la Rúa y luego en enero de 2002 en el "corralón" del gobierno de Eduardo Duhalde con la Ley 25.561 de Emergencia Pública y Reforma del Régimen Cambiario, sumado al decreto 71/2002 sobre la pesificación de depósitos, conversión de obligaciones y la vuelta de los controles al movimiento de capitales más estrictos hicieron estos instrumentos fuera afectados en la medida del deterioro institucional que sufrió el país al no poder mantener el acuerdo político-social que representaba la convertibilidad como política económica que brindaba un marco de seguridad jurídica muy fuerte[11]. En un artículo del diario La Nación se advirtió que no se había cumplido con el pago de US$ 988 millones deuda contraída en obligaciones negociables (La Nación, 2002).

    A partir del 2002, el tipo de cambio se mantuvo flotante, por lo que, en mi opinión, sí tenía sentido volver a la fundamentación del artículo 4. En este contexto el BCRA reglamentó el acceso al Mercado Único y Libre de Cambios (MULC) y la obtención de divisas para sociedades quedó supeditada a autorizaciones de estas dos entidades mediante el comunicado B7643 (BCRA,2002). Con las variables económicas más estabilizadas consecuencia de las medidas tomadas por el gobierno de Eduardo Duhalde a comienzos del año 2002, luego de una crisis política, social y económica de tal magnitud en la cual la caída de ingresos y el aumento de la pobreza y la desocupación fue colosal (Dabat,2012), la economía argentina se encontraba para mediados de ese año en condiciones de comenzar a recuperarse, con un fuerte crecimiento económico desde el año 2003 hasta el 2008. En este contexto, la restricción a la operatoria con dólares fue cambiante, una vez estabilizado el tipo de cambio en

---

[11] Teniendo en cuenta la inestabilidad política y económica en la cual se encontraba la Argentina desde el año 1975, con la crisis del "Rodrigazo" hasta el año 1991 con la hiperinflación, la cual se termina con la ley de Convertibilidad y el Plan Bonex. En este contexto la convertibilidad no era únicamente una medida monetaria para mantener el tipo de cambio fijo sino también un modelo político de país en el cual se buscaba mejorar y dar rigidez a la calidad institucional y certidumbre en términos políticos y económicos.

torno a los AR$ 2,7 y AR$ 3,2 (desde el año 2003 a principios de 2008).

Las obligaciones negociables se vieron nuevamente perjudicadas de forma indirecta por una medida tomada por el entonces Ministro de Economía Roberto Lavagna, el cual para evitar una apreciación del tipo de cambio mediante el ingreso de capitales extranjeros que inyectaren dólares en el mercado de deuda local decidió poner en funcionamiento un mecanismo de control de capitales el cual obligaba a mantener los dólares ingresados por un mínimo de 180 días mediante el decreto 285/2003 (Boletín Oficial, 2003) luego derogado por el Decreto 616/2005 que excluyó a las obligaciones negociables de limitaciones con su artículo 3 (Boletín Oficial, 2005).

Mas allá de estas restricciones, el rebote de la economía de 2003 a 2008 (y hasta el techo del crecimiento de 2011) permitió que el mercado de deuda argentino se mantuviera bastante operativo como se observa en la serie estadística del BCRA "Estadísticas de deuda Privada".

Luego de las elecciones presidenciales de octubre del año 2011, el 31 de octubre, se imponen las primeras restricciones a la compra de dólares mediante una resolución general de la AFIP (AFIP,2011), y los comunicados A5330 (BCRA,2012) y A5246 del BCRA (BCRA,2011). A partir de este momento el país se vio con un mercado de cambios convulsionado y restringido tanto su oferta y como en su demanda, regulado plenamente por el Estado dando muy poco margen de maniobras para los agentes económicos de actuar en un marco regulatorio más libre. Este panorama de restricciones fue en aumento (Silva,2016).

En enero 2014, luego de la devaluación más alta desde el año 2002 (BBC,2014) la moneda norteamericana pasó a cotizarse de AR$ 6,84 a AR$ 8,50, momento cuando el entonces ministro de Economía Axel Kicillof decidió "relajar" las medidas y permitió según acreditación de ingresos y a consideración de la AFIP, comprar 2.000 dólares por mes (La Nación,2014).

Estas medidas de restricción de movimientos de capitales perjudicaron nuevamente la situación de las obligaciones negociables ya que más allá de que estaban excluidas de estas restricciones y podían obtener dólares las firmas que hubiesen contraído deuda en esa moneda, el deterioro institucional que provocaba tener restricciones a la operatoria de moneda extranjera generó un marco de desconfianza generalizado en el país. Se debe hacer un especial hincapié para el análisis que en este mismo momento se encontraba en debate el pago a los denominados "fondos buitres" (Nueva Sociedad, 2014) y al Club de París por los cuales la Argentina – supuestamente - se volvería a acercar a los mercados internacionales de crédito.

El desdoblamiento del tipo de cambio (sea de facto o de iure) siempre genera incertidumbre al mercado y da un fundamento a una expectativa de devaluación del tipo de cambio. Al existir este desdoblamiento surge entre deudores y acreedores cierta tensión por establecer cuál es el tipo de cambio correcto a aplicar.

Como consecuencia de estos problemas, se plantearon dos modelos distintos en el año 2015 para modificar la situación del país. El modelo de continuidad de las restricciones fue representado por el candidato oficialista Daniel Scioli y la liberación de estas fue sostenida por el candidato opositor Mauricio Macri.

En las elecciones generales de octubre de ese año resultó electo por estrecho margen Mauricio Macri como presidente. El 16 de diciembre de ese mismo año fueron liberadas las restricciones a los movimientos de capitales y volviendo a regir únicamente las previas al 30 de octubre de 2011 (La Nación,2015).

Con este nuevo panorama y la expectativa del mercado de un gobierno más *"market friendly"* con los mercados que el anterior se observó un fuerte impacto en el valor de la bolsa local la cual, si bien ya venía en un ciclo alcista desde 2013, se profundiza dando una carrera del 400% de rendimiento medido en dólares para el Merval. Esto culminó con la crisis cambiaria de 2018[12].

---

[12] Elaboración propia con base de www.TradingView.com con los datos obtenidos del día 23/06/2013 contrastados contra el día 29/01/2018 para el índice MERVAL (Ticker BCBA: IMV) en pesos medido en dólares "CCL" por la paridad entre YPFD (BCBA) y YPF (NYSE).

Tanto los años 2016 como 2017 pueden considerarse cómo años de bonanza para la argentina en términos económicos, en cuanto a las sociedades comerciales, ya que se observó el aumento tanto en emisión obligaciones negociables como en emisión de acciones (Telam,2017). Luego de 2018 se detuvo ese ciclo alcista, por la adversa reacción de los mercados a la suba de tasas de interés internacionales, el impuesto a la renta financiera, la debilidad política mostrada por el gobierno de Mauricio Macri, especialmente a partir del 13 de diciembre de 2017 cuando se impulsó la reforma previsional y el cambio de metas de inflación impulsado por el gobierno en detrimento de la independencia del BCRA.

Más allá de la reversión del ciclo y de la inminente devaluación del peso argentino del 33% (Ámbito Financiero,2018) que llegó a alcanzar el 51% (medido contra él valor de agosto de 2018) no se ejercieron restricciones a los movimientos de capitales por lo que su operatoria continuó normalmente.

En el año 2019 las dos fuerzas electorales con mayor caudal de votos volvieron a medir sus diferentes modelos en las primarias de ese año, en el cual también estaba la discusión sobre la liberalización del tipo de cambio. Al conocerse los resultados, el día 12 de agosto de 2019 que daban como futuro ganador a la oposición, los mercados abrieron en un total caos. Las acciones argentinas, bonos y obligaciones negociables se desplomaron en un promedio en 50%[13] y la devaluación fue de un 25%[14] (se pasó de AR$ 45 por USD a AR$ 61 por USD). Esta reacción tan adversa por parte del mercado conllevó a que el domingo 1 de septiembre, el gobierno de Mauricio Macri, que había asumido con la propuesta de eliminar las restricciones, impusiera nuevas restricciones a la operatoria de dólares mediante el decreto 609/2019 (Boletín Oficial,2019), cuyo artículo 2 facultó al BCRA a emitir el comunicado "A" 6670 (BCRA, 2019) que en su inciso 6 restringió la operatoria de cambio de moneda a diez mil dólares por persona humana.

Las restricciones también alcanzaron a la operatoria de bonos que cotizaban en USD y en AR$ mediante comunicado de CNV RG810/2019 (CNV,2019) y unos días después, el 27 de octubre de 2019, una vez terminado el proceso electoral, se impusieron restricciones más severas permitiendo solamente la conversión moneda hasta la suma de doscientos USD por persona humana (BCRA,2019), medidas que fueron acordadas con el equipo económico de Alberto Fernández – presidente

---

[13] Elaboración propia con base de www.TradingView.com con los datos obtenidos del día 13/09/2019 contrastados contra el día 10/09/2019 en promedio para los activos argentinos listados en New York Stock Exchange (NYSE) con los ticker GGAL, YPF, BMA, PAM, EDN

[14] Elaboración propia con base de datos del BCRA obtenidos del día 13/09/2019 contrastados contra el día 10/09/2019
http://www.bcra.gob.ar/PublicacionesEstadisticas/Tipos_de_cambios.asp

electo - para evitar una corrida cambiaria similar a la ocurrida en agosto del mismo año .

Asumido el nuevo gobierno impuso aún más restricciones a la obtención de moneda extranjera mediante el "Impuesto País", promulgado en la Ley 2.7541 (Boletín Oficial, 2019) y luego con una medida normativa de la AFIP RG 4659 (AFIP,2020) el cual se establece un recargo efectivo de 30% para la compra de moneda extranjera.

El 15 de septiembre del año 2020 luego de la exitosa renegociación de deuda pública con tenedores privados son impuestas nuevas restricciones para frenar la salida de dólares mediante la RG 4815 de la AFIP (AFIP,2020) y otras restricciones a la operatoria de Bonos mediante el comunicado de la CNV RG 856 (CNV,2020). Asimismo, se obligó a las sociedades a reestructurar sus obligaciones negociables (cancelando el 40% según lo acordado y refinanciando el 60% restante), esto mediante un comunicado del BCRA (BCRA,2020)

1.2. Ley de Financiamiento Productivo N° 27.440 y su mejora al régimen de obligaciones negociables.

La ley de Financiamiento Productivo fue originalmente conocida como la reforma a la ley de Mercado de Capitales, tal como se indica en un artículo del portal financiero Bloomberg (Bloomberg, 2017). Fue una de las principales medidas del gobierno de Mauricio Macri en su meta de marcar agenda en cuanto a la inclusión financiera y la mejora del mercado de capitales.

No solo era una propuesta para mejorar las finanzas personales de la gente sino también del fisco a partir del año 2016[15] , ya que se pretendía financiar el gasto estatal sin utilizar la emisión monetaria y absorbiendo el ahorro privado mediante letras del tesoro, bonos, pases y demás instrumentos financieros. Por esa imperiosa necesidad se consideró publicar la norma mediante un DNU a mediados de 2017 (Infobae,2017) para agilizar el proceso, pero dicho procedimiento no próspero y se trató como un proyecto legislativo recién a comienzos de 2018.

Mas allá del objetivo fiscal también había un objetivo principal en cuanto a la financiación de las empresas privadas, de una mejora para la ley de fondos comunes de inversión, de posibilidad de acceso a hipotecas (ya que se necesitaba obtener más financiamiento para las hipotecas denominadas en UVA[16] ofrecidas por los Bancos comerciales), para las Pymes (con la emisión de facturas especiales de crédito) y también para el inversor en cuanto a la suscripción de oferta pública de acciones de una sociedad.

---

[15] En el año 2009 es cuando comienzan las cuentas fiscales argentinas a ser deficitarias (según el Instituto para el Desarrollo Social Argentino) hasta la actualidad. En los objetivos de gobierno de Cambiemos se había planteado la sustentabilidad Macroeconomía (Objetivos 1,3,4,5)

[16] Los créditos UVA comenzaron a aparecer en el mercado a raíz de la reglamentación para su cálculo del comunicado 5945 del BCRA (BCRA,2016)

En cuanto a obligaciones negociables, si bien no era lo principal de la ley se modificó a la ley de obligaciones negociables ya que en el artículo 145 de la ley 27440, se estableció que dejaba de estar vigente el artículo 765 del CCyCN – que equiparaba a las obligaciones en moneda extranjera como si fueran obligaciones en especie -.

Además, la ley 27.440 contiene algunas modificaciones interesantes vinculadas a las sociedades comerciales, por ejemplo, en el artículo 26 de la ley la cual modifica la LGS en cuanto a la fiscalización privada y los síndicos.

Otra modificación relevante es la realizada al primer artículo de la ley de obligaciones negociables en el artículo 143, la cual incluye a las sociedades de responsabilidad limitada como una sociedad listada para emitir obligaciones negociables.

En su artículo 147 modifica el régimen de aprobación para la emisión de obligaciones negociables para el cual la ley prevé que *"...puede decidirse en asamblea ordinaria"* fue adicionado *"...o bien por el órgano de administración de la sociedad, de así preverlo el estatuto social..."* lo que permite un mayor dinamismo en cuanto a la emisión de éstas (Diehl Moreno, 2018)

2. Emisión de Obligaciones Negociables. Caso Vista Oil & Gas

Un ejemplo de una emisión de obligaciones negociables con salida exitosa es la empresa del ex CEO de YPF Miguel Galuccio. La emisión de obligaciones negociables fue realizada por una Sociedad Anónima Unipersonal (SAU). Esta emisión fue autorizada por su asamblea de accionistas y por su órgano de administración.

En el prospecto define en primer lugar que la emisión posee dos tipos diferentes clases de obligaciones negociables (Art.2 Ley 23.576). La clase IV era una obligación a ser integrada y pagada en AR$ y con tasa de interés variable y la clase V era una obligación a ser integrada en AR$, pero con la restricción de que sus nominales serán denominadas en como si fuese dólares (ya que aplica el tipo de cambio oficial "A"3500) y pagaderos en pesos al tipo de cambio aplicable al momento de terminada la obligación. También señaló cual es el agente de liquidación que colocara la deuda en el mercado de capitales (Macro Securities S.A).

Se aclaró como serían amortizadas cada una de las clases de obligaciones emitidas y que ambos tipos de deuda no son convertibles en acciones de acuerdo con lo requerido por el Art. 7 Ley 23.576. También se indicó el monto mínimo de suscripción y el valor nominal mínimo de la obligación a negociar.

En el mismo suplemento explicó que el público objetivo de la emisión eran los "Inversores Calificados" de acuerdo con las normas de la CNV (Artículo 12, Sección

I, Capítulo VI, Título II). Esto le permitió a la sociedad tener una mayor seguridad en cuanto a la colocación de la deuda ya que al ser dirigida únicamente inversores calificados se entendía que eran inversores institucionales y con una formación del portfolio a largo plazo, lo cual evitaba que ante necesidades de efectivo sean liquidadas en grandes cantidades de nominales y por ende baje el precio de mercado de la obligación.

4. Conclusión

Como fue expuesto anteriormente se observa que las obligaciones negociables son un instrumento de emisión de deuda privada muy necesario para el pleno funcionamiento de la economía y las finanzas de una sociedad, esto es debido a las posibilidades que brinda tanto para inversores como para los demandantes de crédito.

La mayor importancia es la que tienen en los fondos comunes de inversión, en los fondos de pensión privada y el fondo de garantía y sustentabilidad del ANSES, ya que son los grandes inversores institucionales principalmente los que buscan un retorno sobre su capital en un instrumento conservador (menos volátil). Normalmente las obligaciones privadas deberían tener un mayor interés que las emisiones de deuda pública ya que los títulos de deuda estatales tienen el respaldo de la base impositiva o en su defecto podrían utilizar el monopolio de la emisión de la moneda para solventar sus deudas (por ejemplo, los bonos del tesoro de Estado Unidos de Norteamérica) .

Los títulos de deuda privada son valuados en relación con la actividad empresarial que realizan y por ese mismo riesgo sus tasas de interés son más altas lo cual le otorga al inversor una mayor rentabilidad.

Sin embargo, en la Argentina se da un caso bastante particular en el cual, por la constante inestabilidad macroeconómica, las sucesivas crisis económicas y los incumplimientos de compromisos de deuda es el Estado Argentino el que brinda mayor desconfianza a los inversores y que para noviembre del año corriente mantiene una paridad de sus bonos en menos de 30 dólares por cada 100 valores nominales dando una tasa interna de retorno de aproximadamente de 28% (Allaria Ledesma,2021) y un riesgo país de 1821 puntos básicos (Ámbito Financiero, 2021).

Por estos recurrentes problemas el Estado Argentino muchas veces ha decidido imponer restricciones a los movimientos de capitales en muchos momentos de su historia y con gobiernos de todas las banderas políticas y el más relevante del último tiempo, que fue impuesto en el 2011 (y que se ha vuelto a imponer desde octubre del año 2.019) es el "cepo cambiario" el cual se refiere, en términos generales, a la restricción de compra de moneda extranjera.

En este contexto las obligaciones y las obligaciones negociables de las firmas privadas argentinas sufrían, al igual que el resto de la economía, los deterioros macroeconómicos argentinos y en especial las nominadas en moneda extranjera por los fuertes controles de capitales, más allá de que las obligaciones negociables quedaron excluidas de la mayoría de los controles más estrictos ya que las firmas privadas de gran capital sin la financiación en dólares no podrían solventar sus operaciones corrientes y quedarían inoperativas.

En un análisis más general se puede observar cómo los controles de capitales traen consigo un fuerte deterioro para las obligaciones en general ya que imponen normativas restrictivas al ejercicio de estas al traer consigo mayor incertidumbre en cuanto a las condiciones originalmente planteadas y lo supeditado que se encuentra a las decisiones del poder político de turno que decida como regular diferentes aspectos financieros de la sociedad.

Podemos concluir que los controles al libre movimiento de capitales son únicamente una solución parcial a un problema que pueda tener el Estado y que trae consigo todos los costos antes mencionados para la sociedad.

Referencias bibliográficas y artículos

- AFIP. Resolución General N 3210/2011 del 28 de octubre de 2011. Moneda Extranjera. Programa de Consulta de

Operaciones Cambiarias. Creación. 31 de octubre de 2011
http://biblioteca.afip.gob.ar/dcp/reag01003210_2011_10_28

- AFIP. Resolución General N 4659 / 2020 del 06 de enero de 2020. Impuesto Para una Argentina Inclusiva y Solidaria (PAIS). Ley N° 27.541. Sujetos residentes. Régimen de Percepción. Su implementación. 07 de enero de 2020.
https://www.argentina.gob.ar/normativa/nacional/resolución-4659-2020-333777/texto

- AFIP Resolución General N° 4815/2020 de 2020. Impuesto a las Ganancias. Impuesto sobre los Bienes Personales. Régimen de percepción. Su implementación. 15 de septiembre de 2020.
https://www.boletinoficial.gob.ar/detalleAviso/primera/235038/20200916

- Ámbito Financiero (17 de diciembre de 2018) "El dólar saltó un 100% en 2018 y Argentina salió segunda en el mundial de la devaluación
https://www.ambito.com/finanzas/dolar/el-salto-un-100-2018-y-argentina-salio-segunda-el-mundial-la-devaluacion-n5004907

- Ámbito Financiero (25 de noviembre de 2021) Riesgo País
https://www.ambito.com/contenidos/riesgo-pais.html

- Allaria Ledesma (25 de noviembre de 2021) TIR
https://www.allaria.com.ar/es/Bono/Especie/AL30D

- BCRA Comunicación "A" 1362 de 1989. Emisión de obligaciones negociables. 2 de marzo de 1989
http://www.bcra.gob.ar/Pdfs/comytexord/A1362.pdf

- BCRA. Comunicación "A" 1907 de 1991. Emisión de obligaciones negociables y otros títulos valores de deuda.12 de diciembre de 1991
https://www.bcra.gob.ar/Pdfs/comytexord/A1907.pdf

- BCRA. Comunicación "B" 7643 de 2002. Emisión de obligaciones negociables.16 de diciembre de 2002
http://www.bcra.gov.ar/pdfs/comytexord/B7643.pdf

- BCRA. Comunicación "A" 5330 de 2012. Emisión de obligaciones negociables. 26 de Julio de 2012.
www.bcra.gov.ar/pdfs/comytexord/A5330.pdf.

- BCRA. Comunicación "A" 5945 de 2016. Créditos e imposiciones de Unidades de Vivienda ("U Vis"). Política de crédito. Depósitos e inversiones a plazo. Efectivo mínimo. Adecuaciones 8 de abril de 2016
http://www.bcra.gov.ar/Pdfs/comytexord/A5945.pdf

- BCRA. Publicaciones Estadísticas de 2018. Estadísticas de deuda Privada.
http://www.bcra.gov.ar/Pdfs/PublicacionesEstadisticas/ESTADISTICASDEUDAPRIVADA_3602.xls

- BCRA. Comunicación "A" 6770 de 2019. Exterior y cambios. Adecuaciones.01 de septiembre de 2019.
http://www.bcra.gov.ar/Pdfs/comytexord/A6770.pdf

- BCRA. Comunicación "A" 6815 de 2019. Exterior y Cambios. Adecuaciones.28 de octubre de 2019
http://www.bcra.gob.ar/Pdfs/comytexord/A6815.pdf

- Bloomberg (27 de octubre de 2017)." Argentina busca relanzar reforma a Ley de Mercado de Capitales".

https://www.bloomberg.com/latam/blog/argentina-busca-relanzar-reforma-ley-de-mercado-de-capitales/

- BBC (23 de enero de 2014)." Argentina sufre la peor devaluación en una década".
https://www.bbc.com/mundo/noticias/2014/01/140123_economia_argentina_dolar_devaluacion_peso_irm

- BCRA (15 de septiembre de 2020) "Medidas que garantizan divisas para la recuperación económica"http://www.bcra.gov.ar/Noticias/medidas-bcra-garantizan-divisas-para-recuperacion-economica-.asp

- CNV Resolución General N° 810/2019 de 2019. Modificación de Normas. 01 de septiembre de 2019.
https://www.boletinoficial.gob.ar/detalleAviso/primera/217859/20191002

- CNV. Resolución General N° 856/2020 de 2020.Articulo 2. Comisión Nacional de Valores. Modificación de Normas. 15 de septiembre de 2020.
https://www.boletinoficial.gob.ar/detalleAviso/primera/217859/20191002

- Dabat,2012, *"El rumbo de la economía argentina bajo el kirchnerismo",* Economía UNAM vol.9 no.26, Ciudad de México, 2012

- Decreto 2128/91 de 1991. Boletín Oficial de la República Argentina. Cambio de denominación y valor de los billetes y monedas de curso legal, a partir del 1° de enero de 1992.10 de octubre de 1991
http://servicios.infoleg.gob.ar/infolegInternet/anexos/5000-9999/7384/norma.htm

- Decreto 1570/2001 de 2001. Boletín Oficial de la República Argentina. Entidades Financieras. 01 de diciembre de 2001
http://servicios.infoleg.gob.ar/infolegInternet/anexos/70000-74999/70355/norma.htm

- Decreto 71/2002 de 2002. Boletín Oficial de la República Argentina, P.E.N. Emergencia Publica y Reforma Del Régimen Cambiario.01 de enero de 2002.
https://www.argentina.gob.ar/normativa/nacional/decreto-71-2002-71543/actualizacion

- Decreto 285/2003 de 2003. Boletín Oficial de la República Argentina. Mercado Cambiario Divisas - Ingreso y Egreso. 26 de junio de 2003
https://www.argentina.gob.ar/normativa/nacional/decreto-285-2003-86417/texto

- Decreto 609/2019 de 2019. Boletín Oficial de la República Argentina. Mercado Cambiario - Deuda Pública. 01 de septiembre de 2019.
https://www.argentina.gob.ar/normativa/nacional/decreto-609-2019-327566

- Diehl Moreno, Juan M. (31 de mayo de 2018)" Ley de Financiamiento Productivo"
https://www.marval.com/publicacion/ley-de-financiamiento-productivo-13186

- Instituto para el Desarrollo Social Argentino (23 de febrero de 2020) "Argentina acumula 60 años de déficit fiscal".
https://idesa.org/argentina-acumula-60-anos-de-deficit-fiscal/

- Infobae (16 de mayo de 2017) "El Gobierno estudia sacar la ley de Reforma al Mercado de Capitales por decreto". https://www.infobae.com/economia/2017/05/16/el-gobierno-estudia-sacar-la-ley-de-reforma-al-mercado-de-capitales-por-decreto/

- Infobae (1 de marzo de 2018) "Qué es la Ley de Financiamiento Productivo que Macri le pidió al Congreso que apruebe". https://www.infobae.com/economia/2018/03/01/que-es-la-ley-de-financiamiento-productivo-que-macri-le-pidio-al-congreso-que-apruebe-en-el-inicio-de-sesiones/

- Infobae (11 de noviembre de 2021)" El riesgo país superó los 1.750 puntos, nuevo máximo desde el canje de deuda del año pasado" https://www.infobae.com/economia/2021/11/11/el-riesgo-pais-sube-a-mas-de-1750-puntos-un-nuevo-record-desde-el-canje-de-deuda-del-ano-pasado/

- La Nación (18 de mayo de 1998) "Las empresas se endeudan más con obligaciones negociables" https://www.lanacion.com.ar/economia/las-empresas-se-endeudan-mas-con-obligaciones-negociables-nid96978/

- La Nación (20 de agosto de 2002) "Las empresas ya incumplieron el pago de US$ 988 millones". https://www.lanacion.com.ar/economia/las-empresas-ya-incumplieron-el-pago-de-us-988-millones-nid423963/

- La Nación (27 de enero de 2014) "Para comprar 2000 dólares hay que ganar al menos $80.000 de bolsillo". https://www.lanacion.com.ar/economia/dolar/para-comprar-2000-dolares-hay-que-ganar-al-menos-80000-de-bolsillo-nid1658925/#

- La Nación (17 de diciembre de 2015) "El Gobierno elimina el cepo y anticipa una devaluación del orden del 40%". https://www.lanacion.com.ar/politica/el-gobierno-elimina-el-cepo-y-anticipa-una-devaluacion-del-orden-del-40-nid1854962/

- Ley 19.060, Capítulo IV de 1971. Boletín Oficial de la República Argentina. Ley de Mercado de Valores.11 de junio de 1971.
http://servicios.infoleg.gob.ar/infolegInternet/anexos/95000-99999/96339/norma.htm

- Ley 19550 de 1984. Boletín Oficial de la República Argentina. Ley de Sociedades Comerciales.30 de abril de 1984 B.O 841.
http://servicios.infoleg.gob.ar/infolegInternet/anexos/25000-29999/25553/texact.htm#1

- Ley 23576 Articulo 4. Boletín Oficial de la República Argentina. Ley de Obligaciones Negociables.29 de junio de 1988.
http://servicios.infoleg.gob.ar/infolegInternet/anexos/20000-24999/20643/texact.htm

- Ley 23.928 de 1991. Boletín Oficial de la República Argentina. Ley de Convertibilidad. 27 de marzo de 1991
http://servicios.infoleg.gob.ar/infolegInternet/anexos/0-4999/328/norma.htm

- Ley 25561 de 2002. Boletín Oficial de la República Argentina. Ley de EMERGENCIA PUBLICA Y REFORMA DEL RÉGIMEN CAMBIARIO. 6 de enero de 2002.

http://servicios.infoleg.gob.ar/infolegInternet/anexos/70000-74999/71477/norma.htm

- Ley 27440 de 2018. Boletín Oficial de la República Argentina. Ley de Financiamiento Productivo .9 de mayo de 2018 B.O 434
http://servicios.infoleg.gob.ar/infolegInternet/anexos/310000-314999/310084/norma.htm

- Ley 27541 Articulo 35. Boletín Oficial de la República Argentina. Ley de Solidaridad Social y Reactivación Productiva en el Marco de la Emergencia Pública. 23 de diciembre de 2019.
http://servicios.infoleg.gob.ar/infolegInternet/anexos/20000-24999/20643/texact.htm

- Nueva Sociedad (noviembre-diciembre 2014)" La economía argentina, entre la «década ganada» y los «fondos buitre»
https://nuso.org/articulo/la-economia-argentina-entre-la-decada-ganada-y-los-fondos-buitre /

- Silva, 2016, "las consecuencias económicas de la introducción del cepo cambiario en la argentina", UNC FCE, Mendoza, 2016

- Télam (3 de noviembre de 2017) "La emisión de acciones en 2017 registra un récord histórico en los últimos 20 años".
https://www.telam.com.ar/notas/201711/219318-la-emision-de-acciones-en-2017-registra-un-record-historico-en-los-ultimos-20-anos.html

- Vista Oil&Gas, Prospecto de Emisión de Obligaciones Negociables, *"Documentos Series IV"* (2020) https://vistaoilandgas.com/inversionistas, Prospecto de

Abadal - Barraza Hurtado - Chero - Escalada - Ferreira - Ibarra - Pereyra - Pio Capcha - Quispe

---

Emisión:
https://vistaoilandgas.com/contenidos/1626656778.pdf

NFT DESDE SU ORIGEN Y ARTE DIGITAL
SU ANÁLISIS DESDE LA PERSPECTIVA DE DERECHOS DE AUTOR.

Por Joaquín Escalada[17]

NFT y Derechos de Autor - ¿Qué son los NFT? - ¿Qué es *blockchain*? - ¿Qué impide que la gente copie el arte digital? - Crecimiento de los NFT - Desacoplar propiedad y posesión - Propiedad parcial- Consecuencias reales - ¿Cuánto valen los NFT? - ¿Se trata de una burbuja? - ¿Fallas? – Estándares - Estándar ERC-721 (Ethereum de CryptoKitties) - Estándar ERC-1155 - Immutable X – Polygon - ¿Cómo empiezo? - Los expertos en NFT ¿En qué dominios trabajan? - ¿Cuál es el futuro de los NFTs?

Introducción

Este documento explora los NFTs, desde su explicación conceptual, pasando por su implementación técnica (*Blockchain*), su uso en el arte digital, analizando los conceptos de propiedad y posesión y las consecuencias y futuro de los mismos.

---

[17] Joaquín Escalada Estudiante de la carrera Lic. en Administración - FCE UBA - 2022

1. NFT y Derechos de Autor

Vamos a adentrarnos en el mundo de los NFTs y cómo las leyes de los derechos de autor aplican a estos instrumentos. Analizaremos el caso del artista Mike Winkelmann que vendió un NFT por casi 70 millones de dólares a comienzos del 2021 (Chayka K, 2021), revisando la tecnología que se utilizó, los derechos involucrados y el impacto ambiental de esta nueva tendencia que busca cambiar el concepto del coleccionable.

Everydays, un collage de posts de Instagram, una pieza de arte que no existe en el mundo físico, se vendió por casi 70 millones de dólares (Clark M, 2021).

El comprador no recibirá una escultura, ni una pintura, ni siquiera una copia de la obra en cuestión. Recibirá un vale digital, un NFT. Si el *bitcoin* fue aclamado como la respuesta digital a las divisas, los NFT son ahora la respuesta digital a las piezas de colección.

La historia de los NFT es sobre la psicología humana y como el valor de las cosas está cambiando debido a la tecnología. Una tecnología que algunos piensan que va a revolucionar la sociedad mientras otros creen que se está fomentando un desastre climático o que es una nueva burbuja a punto de estallar.

1.1. ¿Qué son los NFT?

Non Fungible Token, o tokens no fungibles, es un concepto que se volvió de moda como *blockchain*, cryptoledger, *Ethereum* y de pronto se espera que todos conozcamos y entendamos.

Empecemos con la palabra "fungible", ya que es muy específica y con una definición precisa usada por los economistas. Los bienes fungibles son aquellos que pueden ser remplazados por bienes idénticos. No fungible entonces es un activo "inimitable", no remplazable, estamos refiriéndonos a un bien único (por ejemplo, La Mona Lisa de Leonardo Da Vinci).

¿Pero qué tiene de único un bien digital fácilmente duplicable? Pensemos en la ropa. Para comprar una remera, se entra a una tienda online y se adquiere una de las miles que venden. No importa cuál de todas las producidas es la que venden, ni desde qué deposito esté saliendo, la remera es fungible, es remplazable y se va a deteriorar con el uso.

Pero no todas las remeras son iguales, todos tenemos una remera especial. La guardamos hace años, esa remera que te acompañó por situaciones y experiencias. Esa remera es única, no es remplazable, si vas a la tienda donde la compraste originalmente y pedís otra, la remera que te dan no es la misma, no tiene la carga emocional ni las vivencias de tu remera, esa remera preferida es no fungible.

Todo en la economía es uno o lo otro, fungible o no fungible. Una botella de gaseosa, fungible. Un Picasso original, no fungible. Lo que hace único a los bienes no fungibles hace que sean más valorados que los fungibles. Y eso nos explica el NF de NFT, NF es No Fungible. Para explicar la letra que nos falta, la T de Token, tenemos que hablar de *Blockchain*.

1.2. Entonces: ¿Qué es *blockchain*?

Cada vez más, el dinero se está convirtiendo en un número en una pantalla. Los últimos reportes de la FED hicieron saber que en Estados Unidos de Norteamérica el circulante físico solo representa el 11% de la base monetaria de ese país.

¿Pero entonces de donde sale este número que vemos en la pantalla del home-banking?
Ese número es el resultado de un montón de transacciones, desde el ingreso por depósitos de sueldo hasta salida por compras de supermercado. Los bancos son los encargados de administrar estos números y tienen como principal tarea registrar y llevar un control meticuloso de cada transacción de dinero. Confiamos en los bancos para que lleven este registro de millones de transacciones que ocurren diariamente, pero, con el avance de la tecnología la gente comenzó a idear una forma de coordinar públicamente todas esas transacciones y así formar un registro como el que manejan los bancos. El resultado de esta coordinación llega en forma de la *blockchain*.

En lugar de usar al banco para registrar de forma privada cada transacción, *blockchain* usa el conocimiento colectivo para llevar un registro de todas las transacciones de forma pública en internet. Cuando se quiere realizar un intercambio, todas las computadoras que están siguiendo esta cadena validan si la operación es posible, y si lo es la registran. Entre todos se aprueban o rechazan.

Imaginemos que aparece una operación donde lo que se intercambia no es dinero sino una pieza de arte digital. Aquí el concepto es el mismo, el grupo verifica que el originador de la transacción era dueño de esa pieza y aprueban el intercambio.

Lo que se está intercambiando en este caso es un Token, un certificado digital, la "T" de los NFT. Estos tokens digitales pueden ser entendidos como certificados de propiedad de activos, y estos activos pueden ser tanto virtuales como físicos.

Los registros de estas transacciones no pueden ser falsificados porque el libro en cuestión es mantenido y controlado por miles de computadoras independientes alrededor del mundo.

1.3 ¿Qué impide que la gente copie el arte digital?

En resumen: nada. Internet es una máquina de copiar. Cada acción, cada frase, cada pensamiento, todo es copiado mientras navegamos. Para enviar un mensaje de un lugar a otro, los mismos protocolos de comunicación exigen que el mensaje sea copiado de forma íntegra varias veces.

A diferencia de las reproducciones producidas en masa de la era da la revolución industrial estas copias no son baratas, son gratuitas. Nuestra red de comunicación digital ha sido diseñada para que las copias fluyan con la menor fricción posible. De hecho, fluyen con tanta libertad y facilidad que podríamos pensar en Internet como un sistema de super distribución, donde una vez que se introduce una copia, seguirá fluyendo a través de la red para siempre.

Nuestra riqueza descansa sobre un dispositivo muy grande que copia de forma promiscua y constante. El flujo libre de copias gratuitas tiende a socavar el orden establecido. Si las reproducciones de nuestros mejores esfuerzos son gratuitas, ¿para que esforzarnos?, ¿podemos ganar dinero vendiendo copias gratuitas? Cuando las copias son super abundantes, las cosas que no se pueden copiar se vuelven escasas y valiosas.

Cuando las copias son gratuitas, es necesario vender aquello que no se puede copiar. ¿Pero qué en este mercado no se puede copiar?

2. Crecimiento de los NFT

Veamos el caso de Mike Winkelmann (Chayka K, 2021), más conocido como *Beeple* en la red social Instagram, este artista sube diariamente una obra de forma pública y gratuita a internet. ¿Qué es lo que vende cuando luego ofrece un NFT de estos posteos? ¿Por qué es que alcanzan valores por casi 70 millones de dólares?

El comprador, el coleccionista, no está comprando arte físico, primero porque al ser digital, este arte no existe en ese medio, y segundo porque el arte esta disociado del NFT generado. Lo que compra el coleccionista es una unión con el arte, es la habilidad de decir yo estoy conectado con este arte de una forma única.

Muchos NFTs se pueden generar en base al mismo arte, pero el numero sigue siendo finito por lo que esa conexión se vuelve especial. El valor de esta relación está siendo generada tanto por el coleccionista y como por la comunidad que la desea. Está dado por la habilidad de mostrar de una forma verificable una asociación única con el arte subyacente.

Muchos comparan los NFT con la figurita firmada. Existen casi infinitas cantidades de esa figurita en el mercado, pero la firma la hace única. La trazabilidad que se genera en el registro público de la *blockchain* y que garantiza que cada NFT sea único, está generando una escasez digital donde antes no existía. Muchos pueden descargar la obra digital pero solo uno es dueño del NFT asociado a ella.

3. Desacoplar propiedad y posesión

¿Por qué se compran obras de arte? Tener acceso a un artículo de belleza e importancia es solo uno de los factores. Con el arte digital, es virtualmente imposible garantizar el acceso exclusivo.

Pero ahora, esta muestra exclusiva de propiedad puede incorporar muchos de los otros beneficios. Uno de ellos, y quizás el más importante, es la inversión monetaria y la especulación. Otro es el orgullo y los buenos sentimientos de apoyar a un artista. También el estatus de ser coleccionista y poseer algo exclusivo. El aura asociada con un artefacto raro y especial. Todas estas son cosas que no se pueden copiar. Sin embargo, cualquiera puede copiar y disfrutar del archivo digital de la obra de arte. El arte en sí no está encerrado en una bóveda, solo el certificado de propiedad.

En la venta del arte físico, los derechos de autor de o propiedad intelectual, permanecen con el autor de la obra. El nuevo dueño del arte no tiene el derecho para replicarlo y hacer múltiples copias, ese derecho sigue estando retenido por el autor. Lo que puede hacer el nuevo dueño, sin violar ninguna ley, es vender su copia a un tercero.

En el caso de los NFTs, todavía no hay legislación que los regule en Argentina, sin embargo, se espera que sigan los mismos lineamientos del arte físico, aunque esto no ha sido probado ante el sistema jurídico.

En el caso de la venta de arte mediante NFT el comprador no recibe propiedad sobre el arte subyacente, ni el derecho a replicarlo o transformarlo. Y esto no es nada nuevo, ya ocurría con la compra de multimedia digital, adquirir una canción o película en formato digital no habilita al comprador a vender duplicados de esa obra.

La ventaja que nos trae la inclusión de los NFTs es que al usar *blockchain* se puede dar un seguimiento verificable sobre la autenticidad del producto digital que se está adquiriendo, algo que antes no era posible en la reventa de media digital.

Esta trazabilidad, aparte de proveernos unicidad sobre los NFTs y seguridad sobre el origen de este también nos permite garantizar para el artista una propiedad parcial sobre la obra.

3.1 Propiedad parcial

El concepto de propiedad parcial de una obra de arte tiene poco peso en el mundo del arte físico porque históricamente no ha sido factible rastrear la venta y reventa de una obra, y no existe un mecanismo para garantizar que un porcentaje de cada venta sea siempre canalizado de regreso al artista de forma eficiente y transparente.

Un estudio reciente en NYU Steinhardt (Binney S, 2021), muestra el resultado dramático de cómo el artista Jasper Johns, si hubiera podido retener una participación del 10% en la propiedad de sus propias obras de arte, a medida que el precio de su trabajo aumentó con su creciente reputación, por cada reventa de sus obras habría ganado ingresos adicionales significativos durante toda su vida.

Cuando se asocia con los NFTs, este modelo de propiedad parcial para la creación artística es extremadamente fácil de implementar usando *blockchain*, porque las obras digitales se pueden "firmar" mediante contratos inteligentes, y luego fácilmente rastrear intercambios de los NFT, por lo que cada venta y reventa puede dar como resultado un pago parcial automático al artista.

Para octubre de 2017, la plataforma "Dada" había agregado un nuevo tipo de usuario, el coleccionista. Luego lanzó *"Creeps and Weirdos"*, una colección de dibujos digitales de edición limitada generados exclusivamente en su plataforma y disponibles para su compra en la criptomoneda *Ethereum*.

En mayo pasado, "Dada" recibió una inversión de ConsenSys Ventures, una consultora global que se especializa en la construcción de aplicaciones descentralizadas en la cadena de bloques *Ethereum*, para construir un mercado completamente integrado.

4. Consecuencias reales

Un tema preocupante es el impacto real que aparece con el intercambio digital de los NFT. Al igual que otras *Blockchain*, esta tecnología se basa en la existencia de miles de computadoras, llamados mineros en este rubro, haciendo millones de cálculos para llevar actualizado y coordinado el registro público.

Uno de los registros públicos más usados para la generación en intercambio de NFT es la *blockchain* llamada *Ethereum*, que, según los últimos análisis, está consumiendo más de treinta y tres terawatts horas de electricidad. Este consumo es equivalente al de el país Serbia.

La popularización de los NFTs impulsó el consumo de electricidad para mantener la cadena *Ethereum*, cuadruplicando en el último año. (Beekhuizen C, 2021)

5. ¿Cuánto valen los NFT?

Cualquiera puede tokenizar su trabajo para venderlo como un NFT, pero el interés ha crecido a raíz de noticias sobre ventas multimillonarias.

En febrero, un Gif de Nyan Cat (Smith B, 2021), el famoso meme de 2011 de un gato con cuerpo de galleta volando, se vendió por más de USD $500.000. Pocas semanas después, la cantante canadiense Grimes vendió una colección de obras digitales por más de US$ 6 millones.

El avance de las comunicaciones democratizó el acceso a este nuevo mercado, y vemos un incremento en la demanda que está empujando el valor de algunos NFTs a precios inesperados. Esto atrajo el interés de quienes adquieren NFTs como inversiones logrando un impulso mayor a los precios comerciados por lo que ahora algunos analistas están alertando de una posible burbuja especulativa.

6. ¿Se trata de una burbuja?

El 8 de marzo, una versión NFT de un cuadro de Banksy quemado deliberadamente se vendió por casi 400,000 dólares en el mercado OpenSea (Singer A, 2021).

Zavier Ellis (Startling M, 2021), director de una galería londinense, dijo al respecto: *"Me pregunto si se trata de una forma de venta piramidal en la que al final alguien se quemará".*

David Knowles, director de Artelier, una empresa de asesoramiento en materia de arte comentó que toda compra de obras de arte contemporáneo es arriesgada en general, pero comprar tokens no fungibles parece ser el "extremo" de esto.

7. ¿Fallas? No todo lo que brilla es NFT

En los últimos tiempos han estado surgiendo noticias sobre posibles fallas del sistema, que podrían acelerar la explosión de lo que muchos llaman una nueva burbuja especulativa. Uno de ellos es la desaparición de los bienes comprados.

Los NFT se registran en una cadena de bloques que utiliza un sistema criptográfico para protegerlos. Y estos registros no pueden ser alterados. Como el bloque en donde se registra la transacción es muy pequeño, el activo en cuestión no puede ser guardado en dicho bloque. Para resolver este problema, se guardan en el bloque links dirigidos a sitios que alojan la pieza digital que se compra. Sin embargo, existen varias razones por las que el bien referenciado puede desaparecer del sitio. Una de ellas es simplemente que el sitio que contenía la obra ya no exista más.

En el mundo material es difícil que un terreno desaparezca, pero en el ciberespacio los sitios se caen, los proveedores de internet cierran, los dominios vencen, haciendo que sea imposible acceder a los datos que alojaban.

Otro problema que viene ocurriendo es que el comprador abre su billetera virtual (una aplicación) que contiene lo que compró y le aparece el tan temido mensaje "error 404" que todos conocemos. Esto podría deberse a una incompatibilidad entre el código de la billetera y el del sitio que efectivamente almacena la "pieza".

Y finalmente otro motivo no menor para que desaparezcan los activos digitales de estos links es la violación del copyright. Lo que viene ocurriendo es que se han vendido imágenes o videos tokenizados, de los cuales no se poseía la propiedad. Cuando el hecho es detectado, se hace el reclamo, se los da de baja (en el mejor de los casos) y los NFT quedan registrando piezas que ya no existen en los links a los que apuntan.

8. Estándares

Ante la diversificación de posibilidades en la forma de usarlos y para poder apoyar el uso de una cadena de bloques en los juegos, es que se han creado estándares de tókenes específicos ("Token no fungible", 2021). Entre ellos se encuentran:

- Estándar ERC-721 (*Ethereum* de CryptoKitties)

ERC-721 [75] fue el primer estándar para representar activos digitales no fungibles en la cadena de bloques *Ethereum*. ERC-721 es un contrato inteligente de Solidity heredable, lo que significa que los desarrolladores pueden crear nuevos contratos que cumplan con ERC-721 importándolos desde la biblioteca de OpenZeppelin. ERC-721 proporciona métodos básicos que permiten rastrear al propietario de un identificador único, así como una forma autorizada para que el propietario transfiera el activo a otros.

- Estándar ERC-1155

ERC-1155 trae la idea de semi-fungibilidad al mundo TNF, así como proporciona un superconjunto de la funcionalidad ERC-721, lo que significa que un activo ERC-721 podría ser construido usando ERC-1155.21

A diferencia de ERC-721, donde una identificación única representa un solo activo, la identificación única de un token ERC-1155 representa una clase de activos, y hay un campo de cantidad adicional para representar la cantidad de la clase que tiene una billetera en particular. Los activos de la misma clase son intercambiables y el usuario puede transferir cualquier cantidad de activos a otros.

Debido a que *Ethereum* actualmente tiene altas tarifas de transacción (conocidas como tarifas de gas) ("Non-fungible token", 2021), han surgido soluciones de "capa 2" para *Ethereum* que también admiten NFT como, por ejemplo:

- Immutable X

Immutable X es un protocolo de capa 2 para *Ethereum* diseñado específicamente para NFT, que utiliza acumulaciones de ZK para eliminar las tarifas de gas para las transacciones.

- Polygon

Anteriormente conocida como Matic Network, Polygon es una cadena de bloques de prueba de participación que es compatible con los principales mercados de NFT como OpenSea.

9.- ¿Cómo empiezo?

Estos son algunos de los pasos que puede seguir para crear una NFT. Puede crear cualquier tipo de archivo digital como GIF, imagen, archivo de música, cualquier enlace social, etc.

Es sabido que, en este nuevo mundo de transformación digital, cualquier cosa puede transformarse digitalmente. Aquí, como ya vimos anteriormente, NFT es una creación de un token único que se puede reproducir una y otra vez, pero donde la versión original se almacenará de forma segura debido a la tecnología *blockchain*.

9.1 Capacitaciones y Certificaciones

El aprendizaje es un proceso continuo, por lo que es interesante poder dedicar el tiempo y espacio para poder comprender cada vez que surge una nueva tecnología y así, implementarla en el trabajo real.

En definitiva, si usted es un apasionado de la tecnología o bien, tiene una gran cúmulo de conocimiento en la misma, poder realizar una certificación específica o capacitación en línea beneficiará su carrera y desarrollo personal.

El convertirse en *Certified NFT Expert* habilita a la persona por poseer los conocimientos necesarios de la tecnología NFT *Blockchain*. Además, tendrá habilidades al comprender el material del curso, y sus conocimientos se evaluarán con la prueba basada en exámenes. Al pasar la prueba, queda validado que es un experto certificado en NFT.

No importa si no tiene ningún conocimiento sobre los conceptos de *Blockchain*, estos les brindan los conceptos básicos de la tecnología *blockchain*, *Ethereum*, junto con todos los conceptos básicos necesarios.

Por lo tanto, el saber NFT le brindará el mejor inicio para poder implantar sus destrezas técnicas en el ámbito de *blockchain*, como así también, sus habilidades artísticas.

9.2- ¿Qué brindan estos cursos?

Expertos liderarán las sesiones de entrenamiento en vivo lo que permitirá obtener una comprensión profunda de los activos no fungibles, entender contratos inteligentes y aplicaciones descentralizadas, así como las mejores prácticas para distintos casos de uso de NFT.

9.3 Entonces, los expertos en NFT ¿En qué dominios trabajan?

Los expertos en NFT se desarrollan en diversas áreas tales como:

- Arte digital
- Juego
- Dominios y servicio de nombres *Ethereum*
- Finanzas descentralizadas
- Mercado de NFT
- Deportes
- Moda

Vemos entonces que casi cualquier área de trabajo va a ser alcanzada por los NFTs, tarde o temprano.

10. Para finalizar: ¿Cuál es el futuro de los NFTs?

La combinación de arte y atributos de colección es la que parece ser la forma más efectiva para atraer nuevos compradores, donde redefinir los derechos de propiedad digital y de alterar la exclusividad digital es un potencial de las NFTs. Empresas batiendo récords de ventas y celebridades que buscan desesperadamente asociarte a estas.

A pesar de todo lo que se diga los NFTs han llegado para quedarse. Los mega ricos los tienen como el nuevo juguete para alardear. ¿Por qué? Porque los NFTs han completamente revolucionado lo que arte digital significa y claramente se convertirán pronto en parte del arte y objetos de colección por la forma en que se están vendiendo en las subastas pendientes.

Si bien esta tecnología recién comienza y no sabemos dónde terminara, por todo lo expresado anteriormente no es arriesgado anticipar que un *crecimiento continuo en los próximos años* resulta más que valido, donde solo el tiempo dirá como y cuando las industrias la adopten.

Referencias bibliográficas y artículos.

- Beekhuizen, C. (18 de Mayo de 2021). *A country's worth of power, no more!* Ethereum Foundation Blog. https://blog.ethereum.org/2021/05/18/country-power-no-more/

- Binney, S. (22 de Febrero de 2018). New Research Models How Artists Can Benefit from Retaining Equity in Work. *NYU* https://www.nyu.edu/about/news-publications/news/2018/february/new-research-models-how-artists-can-benefit-from-retaining-equit0.html
- Clark, M. (18 de Agosto de 2021). NFTs, explained I have questions about this emerging... um... art form? Platform? *The Verge* https://www.theverge.com/22310188/nft-explainer-what-is-*blockchain*-crypto-art-faq

- Chayka, K. (22 de Marzo de 2021). How beeple crashed the art world. *The New Yorker* https://www.newyorker.com/tech/annals-of-technology/how-beeple-crashed-the-art-world

- Ley 11.273 de 1933. Régimen Legal de la Propiedad Intelectual B. O. 13/9/2007
 https://www.argentina.gob.ar/normativa/nacional/ley-11723-42755/actualizacion

- Singer, A (14 de marzo de 2021) The superheated NFTs? A crypto market niche tipped to boom or bust. *Cointelegraph* https://cointelegraph.com/news/the-superheated-nfts-a-crypto-market-niche-tipped-to-boom-or-bust

- Smith, B. (18 de Marzo de 2021). Wait, how much is a GIF of 'Nyan Cat' worth? *The Chronicle* https://www.dukechronicle.com/article/2021/03/nft-non-fungible-tokens-art-cryptocurrency-*bitcoin*-stocks

- Starling, M. (23 de Marzo de 2021). What are non-fungible tokens (NFTs) - and why are they selling for millions? The latest digital craze sees Jack Dorsey's first tweet sell for $2.9m. The week. https://www.theweek.co.uk/952178/nft-explained-what-are-non-fungible-tokens

SOCIEDADES DE RESPONSABILIDAD LIMITADA
Por Diego Chero[18]

Concepto- Antecedentes – Características -Requisitos para la constitución de una SRL -Los socios - Responsabilidades - Adquisición y transmisión de la calidad de socio. Transmisión de las cuotas entre socios y a un tercero - Transferencia del carácter de socio por causa de muerte - Cláusulas restrictivas de la libre cesibilidad - Capital - Formación del capital social - Características de las cuotas- Copropiedad de cuotas. Derechos reales y medidas precautorias sobre cuotas- Cuotas suplementarias – Aumento del capital - Administración y representación- La gerencia – Organización - Derechos y obligaciones - Renuncia y remoción del gerente – Régimen de responsabilidad del gerente. Exención y extinción de la responsabilidad. Acciones de responsabilidad - Gobierno –
Formas de deliberar y adoptar resoluciones sociales – Régimen de mayorías - Fiscalización

Introducción

Las SRL son de los pocos tipos societarios que ofrecen reales ventajas para aquellos que buscan

---

[18] Estudiante de la carrera de Contador Público FCE - UBA – 2022 Mail: diegoch27@gmail.com

desarrollar sus emprendimientos. Entre ellas podemos destacar: la limitación de la responsabilidad al capital aportado, el que no tengan exigencia de capital mínimo, y que los trámites para su constitución y creación sean más sencillos que en otras sociedades, ya que requieren menos formalidades, por ejemplo, que las sociedades anónimas.

1. Concepto

La Ley 19.550 (LGS) no define a la SRL, pero la doctrina la ha calificado como una sociedad de carácter mixto cuyo capital se divide en cuotas, y en la que los socios limitan su responsabilidad a la integración de las cuotas que suscriban o adquieran. Se dice que es de carácter mixto, en el sentido de que, si bien la personalidad del socio no es esencial para su constitución, como en la colectiva, tampoco es indiferente como sucede en las sociedades anónimas (Nissen, R. 2015).

1.1. Antecedentes

La aparición de este tipo social respondió a una necesidad del comerciante de fines del siglo XIX ya devenido en empresario y con la revolución industrial de por medio, solo contaba con tres estructuras jurídicas societarias para el desarrollo de sus emprendimientos: la sociedad colectiva, la sociedad en comandita y la sociedad anónima (Curá et al, 2015).

De estas, la única que le permitía limitar su responsabilidad y al mismo tiempo participar en su administración era la sociedad anónima; sin embargo, las exigencias en cuanto al mínimo de diez accionistas, a la autorización estatal para su constitución, así como una costosa y compleja organización, la reservaban únicamente para la gran empresa.

La primera norma que reguló a este nuevo tipo social fue dictada en Alemania el 20 de abril de 1892 y posteriormente se extendería por toda Europa. Seguiría el Imperio Austrohúngaro en 1906, Inglaterra, que la incorpora en 1907 y Francia en 1925.

En nuestro país, la legislación sobre SRL presenta la siguiente cronología
- Año 1932: la figura de la SRL se incorporó a través de la Ley 11.645.
- Año 1965: se dicta la Ley 16.732, modificatoria de la 11.645.
- Año 1972: se dicta la Ley de Sociedades Comerciales, la cual introdujo una regulación más detallada de la SRL. Entre otras cosas, esta ley subdividió a las SRL en tres subtipos, en función de la cantidad de socios (hasta cinco socios, de seis a diecinueve socios, veinte o más socios, hasta llegar a máximo de cincuenta) que la sociedad tuviera, dedicando a cada subtipo una normativa distinta.
- Año 1983: se dicta la Ley 22.903, modificatoria de la Ley 19.550 y que fija un nuevo criterio para diferencias a los subtipos de SRL: ya no importa la

cantidad de socios, sino el capital de la sociedad. Por lo tanto, se crean dos regímenes distintos: uno para las SRL con capital menor a $10.000 (monto conforme Disposición N°6/2006 de la Subsecretaria de Asuntos Registrales) y otro para las SRL con un capital de $10.000 o mayor que serían alcanzadas por el art. 299 LGS. (Font, M. 2017):

1.2. Características

La SRL presenta los siguientes aspectos fundamentales:

- El capital social se divide en "cuotas" de igual valor de pesos diez o múltiplo de diez, no representables en títulos negociables
- Los socios limitan su responsabilidad a la integración de las cuotas que suscriben o adquieren (salvo la garantía del art. 150 LGS)
- El número de socios es limitado, ya que no puede exceder de cincuenta.
- La administración y representación de la sociedad están a cargo de la Gerencia, que puede ser unipersonal o plural, e integrada por socios o terceros. (Vitolo, D. 2016)

1.3. Requisitos para la constitución de una SRL

La SRL debe constituirse por escrito, su contrato puede ser otorgado por instrumento público o privado con la firma de los socios ratificada por escribano público, autoridad competente o previa ratificación ante el Registro

Público (Curá et al, 2015). El contrato debe contener todos los requisitos establecidos en el artículo 11 LGS.

Como toda sociedad, para adquirir el carácter de sociedad regular, el contrato constitutivo debe inscribirse en el Registro Público de Comercio de la Provincia de su domicilio social, previa publicación por un día en el Boletín Oficial de un aviso que contenga la información requerida por el artículo 10 de la LGS.

El capital social debe ser suscripto íntegramente en el acto de constitución de la sociedad. Los aportes dinerarios deben integrarse en un 25% como mínimo y completarse en un plazo de dos años (Nissen, R. 2015). Su cumplimiento se acreditará al tiempo de ordenarse la inscripción con el comprobante de su depósito en un banco oficial o si es por escritura pública, por certificación del escribano. Los aportes en especie deben integrarse totalmente y si son registrables colocarse a nombre de la sociedad en constitución.

La SRL debe identificarse con una denominación social que puede consistir en un nombre de fantasía o incluir el nombre de uno o más socios y debe contener la indicación "Sociedad de Responsabilidad Limitada", su abreviatura o la sigla SRL. Su omisión hará responsable ilimitada y solidariamente al gerente por los actos que celebrare en esas condiciones.

2. Los socios. Responsabilidades.

La responsabilidad de los socios se encuentra limitada a la integración de las cuotas que suscriban o adquieran, sin perjuicio de la garantía que prevé el artículo 150 de la LGS (Curá et al, 2015).

Esto significa que el socio de una SRL no puede ser alcanzado en su patrimonio por un acreedor de la sociedad para el cobro de una deuda social. En tal caso el acreedor solo podrá demandar a la sociedad. Del mismo modo, la quiebra de la sociedad de responsabilidad ilimitada no implica la quiebra de sus socios (Nissen, R. 2015).

En lo que se refiere a los aportes en dinero, mientras la totalidad de los socios no hayan integrado sus aportes por completo, todos responderán en forma solidaria e ilimitada hasta el monto de los aportes omitidos – garantía del art 150 LGS -. Una vez que el total de los aportes en dinero se hayan integrado, la obligación de garantía queda extinguida. En el caso de los aportes en especie, la sobrevaluación de estos al momento de la constitución o del aumento de capital hará solidaria e ilimitadamente responsables a los socios frente a terceros por el plazo de cinco años, contados desde el momento que se realizó el aporte, salvo que hayan sido valuados judicialmente (Curá et al, 2015).

Si ocurriera una cesión de cuotas, la garantía del cedente perdura por las obligaciones que contraiga la sociedad hasta que la cesión sea inscripta en el Registro Público. La garantía del adquirente se extiende tanto a obligaciones anteriores como posteriores a la inscripción. Si el cedente no cumplió con la integración efectiva de los aportes, tanto el cómo el cesionario, responderán de manera solidaria por las integraciones pendientes.

2.1. Adquisición y transmisión de la calidad de socio. Transmisión de las cuotas entre socios y a un tercero

La calidad de socio se adquiere con el aporte que este efectúa al momento de constituir la sociedad. También puede darse la situación en que se adquiera el carácter de socio ante la suscripción de cuotas provenientes de un aumento de capital que los restantes no suscriban (Curá et al, 2015).

En forma derivada se puede adquirir tal carácter por transmisión de las cuotas por un acto entre vivos, que puede ser a título oneroso (cesión) o gratuito (donación), o por fallecimiento del socio en una sucesión intestada o por una disposición de última voluntad (legado o testamento). También puede adquirirse el carácter de socio como consecuencia de la ejecución forzada de las cuotas que integran su patrimonio por parte de un acreedor.

El principio general que fija la LGS es que la transmisión de las cuotas es libre, pudiendo transmitirse a terceros como a otro socio. La única excepción a esto es que los socios establezcan en el contrato limitaciones a esa transmisión, pero estas no deben ser tales que impidan la transmisión, es decir que sea una prohibición encubierta. La transferencia de las cuotas puede otorgarse por instrumento público o privado con firmas autenticadas, y la misma no implica la modificación del contrato social.

¿Desde qué momento la transferencia genera efectos? Se pueden distinguir 3 situaciones diferentes:
- Entre las partes, adquirente y cedente, surtirá efectos desde su firma
- Con relación a la sociedad, el contrato será oponible desde que cedente o cesionario lo comuniquen a la gerencia entregando una copia del título o transferencia
- Frente a terceros el contrato recién será oponible a partir de su inscripción en el Registro Público. La inscripción puede ser solicitada tanto por la sociedad como por adquirente o cedente, en cuyo caso, deberán exhibir el título de la transferencia y la constancia fehaciente de su comunicación a la gerencia.

La cesión de cuotas sociales, si bien implica la transmisión de la calidad de socio, así como de todos los derechos y obligaciones que confieren el ser titular de estas cuotas, no comprende la transmisión de la condición de gerente, ya que no es una calidad inherente a la participación social adquirida (Nissen, R. 2015).

2.2. Transferencia del carácter de socio por causa de muerte

Fallecido un socio, si el contrato previera la incorporación de sus herederos, dicha incorporación es obligatoria, tanto para los herederos cuanto para los demás socios. La incorporación se efectiviza cuando acrediten su calidad de tales y hasta ese momento actuará en su representación el administrador de la sucesión (Vitolo, D. 2016).

De la misma manera, si una cláusula contractual dispone en forma expresa que los herederos no se incorporarán a la sociedad o que su incorporación queda sujeta a decisión por parte de los socios restantes o de los herederos, dichas clausulas son válidas, ya que según el artículo 89 de la LGS, los socios podrán convenir otras causales de disolución parcial que no prevea la ley.

En el caso de que en el contrato constitutivo quede estipulado que los herederos del socio fallecido no se incorporarán a la sociedad, el contrato deberá establecer las pautas para fijar el valor de la participación del causante y la forma de pago, sin olvidar que serán nulas aquellas cláusulas que establezcan un precio que se aparte notablemente de su valor al tiempo de hacerla efectiva.

Si el estatuto nada dice respecto de los herederos, estos no adquieren la calidad de tales frente al fallecimiento de alguno de los socios.

2.3. Cláusulas restrictivas de la libre cesibilidad

Son lícitas las cláusulas que limiten la transferencia a la conformidad de la mayoría o a la unanimidad de los restantes socios, o a las que confieren un derecho de preferencia a los restantes socios o a la sociedad (Richard E H. y Muiño O.M., 1998).

Es condición de validez de las cláusulas limitativas que el procedimiento al que se someterá la conformidad o el derecho de preferencia se encuentre establecido en el contrato social y que el plazo para otorgar la conformidad o ejercer el derecho de preferencia no exceda de los treinta días desde que el cedente comunicó a la gerencia el nombre del interesado y el precio de venta.

En dicho plazo, los demás socios deberán notificar al socio cedente la decisión adoptada con respecto a la obtención de conformidades (es decir si se obtuvieron o no las mayorías necesarias) y al ejercicio del derecho de preferencia. En caso de silencio, y transcurrido el plazo estipulado, se tendrá por lograda la conformidad y por no ejercitado el derecho de preferencia, pudiendo realizarse libremente la transmisión.

En el caso de que los socios decidan ejercer el derecho de preferencia, puede suceder que no estén conformes con el precio de venta de las cuotas, y por eso lo impugnen ofreciendo el precio que consideren que se ajusta a la realidad. Si el contrato social no establece una forma de solucionar esta cuestión, la determinación del precio resultara de un peritaje judicial. Una vez que el perito haya determinado el precio se aplicarán las siguientes reglas: el cedente no estará obligado a vender por un precio menor del que ofrecieron aquellos que quieren ejercer el derecho de preferencia, y los impugnantes no estarán obligados a pagar un precio mayor que el de la cesión propuesta. Las costas del juicio serán a cargo de la parte que pretendió el precio más distante del fijado por la tasación judicial.

Otra situación que puede darse es que, solicitada la conformidad para la cesión de cuotas que tienen limitada su transmisibilidad, los socios o la sociedad simplemente intenten bloquear el traspaso invocando la existencia de justa causa. Ante esta situación, el socio cedente puede acudir ante un juez, quien autorizará la cesión si no se comprueba la justa causa de oposición. Como sanción a la oposición injustificada por parte de los socios restantes, el articulo 154 LGS dispone que la declaración judicial que autorice la cesión de las cuotas dejará sin efecto el derecho que los impugnantes (los socios) pudieran tener a la adquisición preferente de las cuotas.

La existencia de cláusulas limitativas determina que la ejecución forzada de las cuotas deba comunicarse a la sociedad con quince días de anticipación a la fecha de la subasta, a fin de que en ese lapso las partes (acreedor, deudor y la sociedad) lleguen a un acuerdo que evite la subasta de éstas. Si no se llegare a un acuerdo se realizará la subasta, pero el juez no adjudicará las cuotas al adquirente en subasta, si dentro de los diez días de realizada los socios ejercen la opción de compra por el mismo precio que se obtuvo en la subasta, depositando su importe.

Por último, para el supuesto de transmisión mortis causa de cuotas limitadas en su transmisibilidad, la LGS dispone que dichas restricciones no resultan oponibles a las transferencias que los herederos realicen a terceros dentro de los tres meses de su incorporación. Esas limitaciones son sustituidas por la opción de compra legal que pueden ejercer los socios y la sociedad por "el mismo precio", para el cual se les otorga un plazo de 15 días contado desde el momento en que el heredero haya comunicado a la gerencia su propósito de ceder. La gerencia, al mismo tiempo deberá poner dicha circunstancia en conocimiento de los socios de manera inmediata y fehaciente.

3. Capital

El capital desempeña un papel fundamental en la SRL ya que garantiza a los terceros que contratan con la sociedad y limita la responsabilidad de los socios (Curá et al, 2015). Dos actos particulares pueden señalarse como relevantes en lo que hace a la conformación del capital social: la suscripción, que es el acto en el que los socios asumen la obligación respecto de la sociedad de dotarla del capital social que se establece en el contrato, dando lugar al nacimiento de un derecho crediticio para la sociedad respecto de los socios; y la integración que es el aporte efectivo del capital que los socios se han comprometido a realizar.

El capital debe ser íntegramente suscripto al momento de constituir la sociedad. En lo que hace a la integración, la ley admite, al igual que para las sociedades anónimas, que cuando se trata de aportes en dinero, pueda ser realizada un 25% al momento de la constitución y diferirse el 75% restante por un plazo no mayor a dos años. A diferencia de lo que ocurre con los aportes dinerarios, los aportes en especie deben integrarse totalmente al momento de constitución de la sociedad y su valor se justificará indicándose en el contrato social los antecedentes justificativos de la valuación.

Los aportes de los socios deben ser bienes determinados, susceptibles de ejecución forzada y entregarse en propiedad a la sociedad (es decir solo se pueden aportar obligaciones de dar). Si se tratan de bienes registrables se prevé su inscripción preventiva a nombre de la sociedad en formación.

Ante la imposibilidad de que las obligaciones de hacer o prestaciones de uso en la SRL puedan constituir aportes, se permite que estas sean efectuadas por los socios como prestaciones accesorias, claramente diferenciables de los aportes, no pudiendo ser en dinero en efectivo y sin integrar el capital social. Solo podrán modificarse de acuerdo con lo convenido o con la conformidad de los obligados y de la mayoría necesaria para modificar el contrato social. Cuando las prestaciones accesorias, fueran conexas a cuotas de SRL, el artículo 50 LGS exige que la transferencia de dichas cuotas deba ser aprobada por la mayoría necesaria para modificar el contrato, salvo pacto en contrario. (Richard E H. y Muiño O.M., 1998)

La LGS no prevé la necesidad de un determinado capital mínimo para las SRL. Sin embargo, las normas de la Inspección General de Justicia (IGJ) exigen que su capital tenga una adecuada relación con las actividad que la sociedad pretenda desarrollar según lo explicitado en su objeto social (Curá et al, 2015).

3.1 Características de las cuotas

El capital social en la SRL está dividido en cuotas de igual valor, que deberá ser de 10 pesos o sus múltiplos y cada una dará derecho a un voto. Por lo tanto, el grado de participación de cada socio dentro de la sociedad dependerá de la cantidad de cuotas que posea. La cuota es una parte alícuota dado que su unidad está contenida un número exacto de veces en el todo, fija el primer limite a la responsabilidad del socio y es susceptible de embargo y venta.

Las cuotas no son títulos valores y no tienen una representación por fuera del contrato social. La transferencia de las cuotas a título oneroso o gratuito, por acto entre vivos o de última voluntad o como consecuencia de su ejecución forzosa, requerirá de su publicación y posterior inscripción en el Registro Público para que sea oponible a terceros.

3.2. Copropiedad de cuotas. Derechos reales y medidas precautorias sobre cuotas

La cuota representativa del capital social en la SRL tiene carácter indivisible. No se puede ser titular de una fracción de cuota o acción, pero si se admite la copropiedad con relación a ambas (Vitolo, D. 2016).

En el caso de que exista se aplican las reglas del condominio. El condominio es el derecho real de propiedad sobre una cosa, que pertenece en común a varias personas y que corresponde a cada una en una parte indivisa.

La sociedad puede exigir la unificación de la representación de los condominios para ejercer los derechos y cumplir las obligaciones sociales, ello en seguridad de la propia sociedad y con la finalidad de evitar posiciones opuestas o trasladar al seno de la sociedad discusiones que se pudieran dar dentro del régimen de condominio de las cuotas sociales involucradas.

La LGS establece que sobre las cuotas sociales puede constituirse usufructo, prenda o embargo judicial u otras medidas precautorias (Font, M. 2017). Tanto la constitución como la cancelación de estas medidas deben inscribirse en el Registro Público para ser oponible a terceros. En cuanto al usufructo, la ley establece que la calidad de socio corresponde al propietario – y con ello los derechos de gobierno - , mientras que el usufructuario sólo tiene el derecho a percibir las ganancias obtenidas mientras mantenga dicha condición. (Curá et al, 2015).

En los casos de prenda o embargo judicial, los derechos, tanto políticos como patrimoniales, corresponden al propietario de las cuotas, sin perjuicio de lo que en particular se hubiera establecido en la decisión que ordenó la traba del embargo de las cuotas.

3.3. Cuotas suplementarias

Las cuotas suplementarias son requerimientos de fondos (en dinero o especie) que la sociedad puede formular a los socios mediante la formación de la voluntad social expresada en un acuerdo de socios que represente más de la mitad del capital social, en la medida que tales contribuciones se encuentren establecidas en el contrato (Vitolo, D. 2016).

Los socios optarán por integrar las cuotas una vez que la decisión social haya sido publicada e inscripta en el Registro Público y de no hacerlo otorgarán derecho de preferencia y a acrecer a los otros. Las cuotas suplementarias deben ser proporcionales al número de cuotas que tenga cada socio al momento de hacerlas efectivas y se registrarán en el balance de la sociedad a partir de la inscripción.

3.4. Aumento del capital

La decisión de aumentar el capital debe ser adoptada por la reunión de socios o asamblea, por socios que representen al menos la mayoría del capital social, si fue así previsto en el contrato social, o de tres cuartas partes si no hubo previsión contractual. Además, tal decisión deberá contar con el voto de al menos dos socios , cuando un único socio reúna los porcentajes requeridos para tomar la decisión (Curá et al, 2015).

A pesar de ello, tal decisión no dará a los socios que votaron en contra derecho de receso. Los ausentes o los que votaron en contra del aumento tendrán derecho a suscribir cuotas en forma proporcional a su participación social. Si alguno optara por no ejercer su derecho de suscripción preferente, los restantes podrán acrecer, o en el último de los casos, podrán incorporarse nuevos socios.

4. Administración y representación

4.1. La gerencia.

Uno de los elementos tipificantes establecidos por la ley para las SRL es el atinente a la administración del ente, la que ha colocado en cabeza de uno o más gerentes, que pueden ser socios o no (Vitolo, D. 2016).

La conformación del órgano de administración es un requisito básico que debe integrar el contrato de sociedad, aunque no existe en el régimen obligatoriedad de que se establezca un plazo determinado para que la persona o las personas designadas como gerentes desempeñen sus funciones. Por el contrario, la ley permite que los gerentes puedan desempeñar sus funciones tanto por un plazo determinado en el contrato constitutivo, como por uno establecido por los socios al momento de la designación, o de otro modo, y aunque también sean designados por tiempo indeterminado en el contrato constitutivo o posteriormente.

La designación estará a cargo de los socios que lo resolverán por mayoría de votos presentes o partícipes en el acuerdo, según lo dispone el artículo 160 de la LGS.

Como medida de buena administración, la ley admite la posibilidad de que en el contrato se contemple la designación de suplentes para el caso de vacancia en la administración, de modo de no tener que recurrir raudamente a la celebración de una reunión de socios o asamblea tendiente a designar un reemplazante.

4.2. Organización de la gerencia

La designación de gerente puede recaer tanto en un socio, como en un tercero extraño a la sociedad. Cuando la gerencia recaiga en una sola persona este gerente concentrará las dos funciones principales atinentes al órgano: la de representación y la de administración de ésta.

La LGS también permite un régimen de gerencia plural, la que podrá estar a cargo; al igual que en el caso de la gerencia individual; de socios, de extraños y aun de una combinación de ambos. El régimen de organización de la gerencia plural es privativo de los socios, quienes deberán establecerlo en el contrato social o en sus modificaciones.

Pueden darse en el régimen organizativo de una gerencia plural tres situaciones posibles:

a) Que se determine que cualquiera de los gerentes en forma individual represente y administre la sociedad, lo cual resulta equivalente al régimen supletorio que el artículo 157 de la LGS señala en relación con los casos de silencio. Cualquiera de los socios por sí podrá actuar y obligar a la sociedad realizando cualquier acto de administración;

b) Que la cláusula contractual establezca la necesidad de actuación conjunta de todos o algunos de los gerentes, es decir, ninguno de los gerentes podrá actuar por sí solo. Conforme a lo dispuesto por el artículo 58 de la LGS, si los gerentes actuaran en infracción de la organización plural podrán igualmente obligar a la sociedad frente a terceros, en la medida en que se trate de actos que no resulten notoriamente extraños al contrato social, y aun así cuando asuman obligaciones mediante títulos valores, por contrato entre ausentes, de adhesión o concluidos mediante formularios, salvo cuando el tercero tuviere conocimiento efectivo de que el acto se celebra en infracción a la representación plural.

c) Finalmente, el contrato puede establecer que la gerencia plural funcione en forma colegiada, de donde las decisiones deberán tomarse por mayoría, salvo que el contrato dispusiera otra manera. Para este último supuesto serán de aplicación las disposiciones sobre el funcionamiento del directorio de la sociedad anónima conforme a la remisión establecida por el artículo 157, párrafo tercero de la LGS.

4.3 Derechos y obligaciones de los Gerentes.

Los gerentes gozan de los mismos derechos y tienen las mismas obligaciones que los directores de la sociedad anónima; también se encuentran afectados por las mismas prohibiciones e incompatibilidades. Además, no pueden participar por cuenta propia o ajena en actos que importen competir con la sociedad, salvo autorización expresa y unánime de los socios (Polak, F. 1999).

El cargo de gerente es personal e indelegable y dentro de sus obligaciones y deberes se encuentran: administrar la sociedad, tomar a su cargo el desarrollo y cumplimiento de todos los actos que comprenden las actividades contempladas en el objeto social, proteger los bienes que componen el activo de la sociedad y controlar el cumplimiento de las obligaciones que conforman el pasivo, representar a la sociedad bajo el régimen establecido en el contrato social, actuar como liquidadores de la sociedad en caso de disolución de la misma.

El trabajo del gerente no se presume gratuito y debe ser remunerado. La remuneración puede encontrarse establecida en el contrato o ser fijada por la reunión de socios y se encuentra alcanzada por las limitaciones establecidas por el artículo 261 de la LGS.

4.4. Renuncia y remoción del gerente

El órgano de gobierno tiene la facultad de remover *ad nutum* – es decir, sin justa causa - al gerente en cualquier momento. Como contrapartida, éste tiene en la potestad de renunciar a su cargo cuando así lo desee, sea que su nombramiento haya sido por tiempo determinado o indeterminado.

Sin embargo, tal renuncia no puede ser dolosa ni intempestiva como tampoco afectar el funcionamiento regular de la gerencia cuando ésta fuera colegiada o de la sociedad cuando la misma fuera unipersonal. No resulta necesario que el gerente invoque las razones que motivaron la decisión, pero debe descartarse una actitud dolosa a este respecto. Deberá ser presentada a la reunión de socios quien será la encargada de aceptarla (Vitolo, D. 2016). En todos los casos debe cumplirse también con la publicidad registral que dispone el artículo 60 de la LGS.

Sin perjuicio de lo expuesto, el artículo 157 LGS establece que el contrato no podrá imponer limitaciones a la revocabilidad de los gerentes, salvo en aquellos casos en los cuales los socios hubieren colocado en el contrato la designación de éste como condición expresa de constitución de la sociedad. En esta situación particular se aplicará la segunda parte del artículo 129 LGS, referido a la remoción de los administradores por invocación de justa causa y los socios disconformes tendrán derecho de receso.

4.5. Régimen de responsabilidad del gerente. Exención y extinción de la responsabilidad. Acciones de responsabilidad

La LGS establece que los gerentes serán responsables individual o solidariamente, según la organización de la gerencia y la reglamentación de su funcionamiento establecidas en el contrato. Si una pluralidad de gerentes participó en los mismos hechos generadores de responsabilidad, el Juez puede fijar la parte que a cada uno corresponde en la reparación de los perjuicios, atendiendo a su actuación personal. Son de aplicación las disposiciones relativas a la responsabilidad de los directores cuando la gerencia fuere colegiada. (Vitolo, D. 2016)

En caso de gerencia a cargo de un único integrante, ese gerente responderá como administrador de la sociedad en los términos de lo dispuesto por el artículo 59 LGS. Si la gerencia fuera plural y la actuación de los gerentes indistinta, la responsabilidad de cada uno de ellos estará vinculada a su propia actuación y responderán por los actos de administración y representación que hubieran ejercido. Si la representación fuera plural, pero bajo un régimen de actuación conjunta de dos o más gerentes, o de todos ellos, la responsabilidad que les corresponderá dependerá de los actos cumplidos bajo ese mismo régimen, sin incurrir en responsabilidad por actos en los que no hubieran intervenido.

En forma diferente a lo señalado en los acápites anteriores, cuando la gerencia estuviera organizada en forma colegiada, la ley remite al régimen de responsabilidad de los directores de las sociedades anónimas, el cual está contenido en el artículo 274 de la LGS. Es decir, en este caso los gerentes bajo gerencia colegiada responden ilimitada y solidariamente hacia la sociedad, los socios y los terceros, por el mal desempeño de su cargo, según lo establece el artículo 59 LGS como así por la violación de la ley, el estatuto y el reglamento, y por cualquier otro daño producido por dolo, abuso de facultades y culpa grave.

El gerente integrante de una gerencia colegiada podrá eximirse de responsabilidad si participó en la deliberación o resolución o la conoció, si deja constancia escrita de su protesta y da noticia al síndico antes de que su responsabilidad se denuncie a la gerencia, al síndico, a la reunión de socios o se ejerza la acción judicial. Si la sociedad no tuviera sindicatura, la noticia deberá ser dada a la reunión de socios. (Richard E H. y Muiño O.M., 1998)

El artículo 275 de la LGS dispone que la responsabilidad de los directores y gerentes respecto de la sociedad se extingue por aprobación de su gestión o por renuncia expresa o transacción resuelta por la asamblea, si esa responsabilidad no es por violación de la ley, del estatuto o reglamento y si no media oposición del 5% del capital social, por lo menos. La extinción es ineficaz en caso de liquidación coactiva o concursal y tampoco extingue la responsabilidad penal, en caso de existir. Es importante recordar que conforme prescribe el art 72 de la LGS, la aprobación de los estados contables no implica liberación de responsabilidad de los administradores.

También serán de aplicación los artículos 276 a 279 de la LGS en lo que hace a la acción de responsabilidad dirigida contra el gerente, que tendrá el carácter de social o individual, según que la misma tenga por objeto la protección y defensa de intereses de la sociedad en general, o la de quienes se vean perjudicados personalmente en su patrimonio.

La acción social de responsabilidad será la ejercida por la sociedad si es decidida por el órgano de gobierno. Puede ser adoptada, aunque no conste en el orden del día, si es consecuencia directa de la resolución de un asunto incluido en el mismo. La resolución producirá la remoción del gerente y la obligará a su reemplazo. Si dicha acción no fuera iniciada dentro del plazo de tres meses de ser así resuelta, cualquier accionista puede promoverla, sin perjuicio de la responsabilidad que resulte del incumplimiento de la medida ordenada. (Polak, F. 1999).

5. Gobierno

5.1. Formas de deliberar y adoptar resoluciones sociales.

El artículo 159 de la LGS establece que el contrato social deberá disponer sobre la forma de deliberar y tomar acuerdos sociales. Para el caso de que en el contrato no se hubiera previsto la forma de adoptar las decisiones, la ley admite dos procedimientos en los cuales no se requiere que los socios se encuentren reunidos para adoptar las decisiones. Son los supuestos de:

- Un sistema de consulta o voto por correspondencia, que efectúa la gerencia en forma simultánea y por un medio fehaciente a todos los socios. Esta comunicación debe ser dirigida al domicilio constituido por el socio en el instrumento constitutivo, a menos que posteriormente hubiera notificado su modificación a la gerencia. Los socios deberán responder dentro de los 10 días de habérseles cursado la consulta. La respuesta debe ser dada a través de cualquier medio que garantice autenticidad, expresando su posición con relación al tema sujeto a consulta.

- La declaración por escrito en la que todos los socios expresan el sentido de su voto sobre de una determinada cuestión.

La única excepción con respecto a lo mencionado anteriormente es el supuesto contenido en el párrafo 2° del artículo 159 de la LGS, que se refiere a la obligación de deliberar en asamblea con respecto a la aprobación de estados contables, por parte de las SRL que superen el capital social previsto en el artículo 299, inciso 2° de la LGS y que será convocada dentro de los cuatro meses del cierre del ejercicio. Esta asamblea se sujetará a las normas previstas para la sociedad anónima. (artículo 159, párrafo 2°, LGS).

5.2. Las actas de las asambleas o reuniones de socios

Conforme el artículo 73 LGS, cada reunión de socios importa el labrado del acta correspondiente en el libro respectivo, foliado y rubricado (Polak, F. 1999). El contenido del acta se rige analógicamente por las reglas de las anónimas debiendo resumir las manifestaciones hechas en la deliberación, las formas y los resultados de las votaciones, con expresión completa de las decisiones.

El artículo 162 LGS impone que incluso las resoluciones sociales que no fueran adoptadas en asamblea deberán constar en el libro de actas las que tendrán que ser confeccionadas y firmadas por los gerentes dentro del plazo de cinco días contados a partir del acuerdo, dejándose constancia de las respuestas de los socios en orden al cómputo de votos. Los documentos en los que consten las respuestas deberán conservarse por tres años.

5.3. Régimen de mayorías

Cada cuota sólo da derecho a un voto y rigen las limitaciones de orden personal previstas para los accionistas de la sociedad anónima en el artículo 248 LGS, conforme al cual éstos deben abstenerse de votar en todas las operaciones sociales que por cuenta propia o ajena tuviera un interés contrario al de la sociedad; en caso contrario, serán responsables de los daños y perjuicios causados, en el supuesto en que sin su voto no se hubiese logrado la mayoría necesaria para arribar a una decisión válida. (Polak, F. 1999)

El artículo 160 LGS dispone que el contrato establecerá las reglas aplicables a las resoluciones que tengan por objeto su modificación. La mayoría debe representar como mínimo más de la mitad del capital social. En defecto de regulación contractual, en necesario el voto de al menos las tres cuartas partes del capital social. Sin embargo, si un solo socio representa el voto mayoritario, se necesitará, además, el voto de otro, según la norma legal citada.

Esto es aplicable para lograr acuerdos sociales y modificaciones al contrato social. Por el contrario, las resoluciones sociales que no conciernan a la modificación del contrato, la designación y revocación de gerentes o síndicos, se adoptará por mayoría del capital presente en la reunión de socios, asamblea o participe en el acuerdo, salvo que el contrato exigiera una mayoría superior.

6. Fiscalización

Salvo estipulación en contrario en el contrato constitutivo, la fiscalización interna en las SRL se encuentra a cargo de cualquiera de los socios, quienes pueden examinar los libros y papeles sociales y recabar de los administradores los informes que estimen pertinentes (Nissen, R. 2015).

De acuerdo con lo dispuesto por el artículo 158 LGS, los socios pueden si así lo desean establecer un órgano de fiscalización - sindicatura o consejo de vigilancia - , el cual se regirá por las disposiciones del contrato social, pero tal régimen de control interno será obligatorio cuando el capital social de la SRL alcance el importe fijado por el artículo 299, inciso 2º LGS.

Cuando la adopción de un órgano de fiscalización sea optativa, su funcionamiento se regirá por las cláusulas del contrato y supletoriamente por las normas de la sociedad anónima. En cambio, cuando la fiscalización sea obligatoria, sin perjuicio de la aplicación supletoria de las normas de la sociedad anónima en materia de sindicatura y consejo de vigilancia, los deberes y atribuciones de estos no podrán ser menores que los establecidos para esa sociedad.

La SRL no estará sujeta a control o fiscalización estatal externa, ni siquiera en el caso de que su capital supere al establecido en el artículo 299, inciso 2° de la Ley General de Sociedades.

Conclusión

Podemos concluir que la SRL nació como una forma de apoyar, de impulsar a las pequeñas y medianas empresas, ya que era el único tipo con limitación de responsabilidad existente al momento de su sanción adecuado para este tipo de emprendimientos. Posteriormente se agregó las Sociedades por Acciones Simplificadas (SAS), pero esto ocurrió recién en el año 2017.

La SRL es uno de los tipos societarios más versátiles, por el amplio margen que da la ley a la autonomía de la voluntad de los socios para ajustarla al negocio particular que se piensa hacer, a lo que se suman las facilidades con las que se puede llevar adelante el funcionamiento de una sociedad que limita la responsabilidad de los socios, ya que sus requisitos y controles son mucho menores que las de la sociedad anónima.

Referencias bibliográficas y artículos

- Curá, José M. (2015) "Derecho privado. Sociedades y otras formas de organización jurídica de la empresa". Ed. La Ley

- Font, Matías A. (2017) "Guía de estudio de sociedades". Ed. Estudio

- Infoleg "Ley General de Sociedades N°19.550
http://servicios.infoleg.gob.ar/infolegInternet/anexos/25000-29999/25553/texact.htm

- Nissen, Ricardo A. (2015) "Curso de Derecho Societario" / Ed. Hammurabi

- Peláez, Enrique A. Capítulo de SRL, en Curá, José María y Villalonga Julio G. – coordinadores - "Derecho privado: sociedades y otras formas de organización jurídica de la empresa" - 1ª ed. - Ed. La Ley, 2015

- Polak, Federico G. (1999) "SRL". Ed. Ábaco,

- Richard, Efraín H. y Muiño, Orlando M. (1998) "Derecho Societario". Ed. Astrea

- Vitolo, Daniel R. (2016) "Manual de Sociedades". Ed. Estudio

DERECHOS Y DEBERES DE LOS SOCIOS
Por Sebastián Barraza Hurtado[19]

Introducción – Antecedentes -*Affectio Societatis* - Sociedades típicas - Deberes de los socios - Integración de los aportes - Adecuar su conducta a las necesidades de la sociedad - Deber de lealtad - Deber de administración - Contribuir con las pérdidas - Derechos políticos - Derecho de información - Derecho de receso - Derecho de voto -Derecho de preferencia - Derecho de convocatoria - Derechos Patrimoniales - Derecho al dividendo.

Introducción

El propósito del presente trabajo es analizar los derechos y deberes que adquiere una persona cuando asume la calidad de socio en alguno de los diferentes tipos sociales configurados en la Ley General de Sociedades de la República Argentina (LGS). Comenzaré por definir lo que es un socio y luego cuáles son sus obligaciones y derechos.

1. Antecedentes

"Como primer acercamiento, se puede afirmar que las sociedades comerciales, con ciertas características

---

[19] Estudiante de la carrera de Actuario en administración FCE - UBA – 2022 Mail: sebastian.barraza95@hotmail.com

similares a las actuales, tienen su punto de partida en la edad media. En particular los tipos que hoy reconocemos como sociedad colectiva y en comandita. La anónima aparece en la edad moderna; pues como lo afirma Ripert, es un maravilloso instrumento creado por el capitalismo moderno." (Gigglberger, 2010)

Los autores coinciden en varios puntos importantes. Primero, en la definición de tres grupos de sociedades: la colectiva, en comandita y anónima, analizando los momentos históricos en que pudieron darse a conocer.

Para Eugene Petit "El concepto de sociedad en el período histórico analizado tiene el sentido de asociación. Es decir, se aplicó a toda reunión de personas que se proponían conseguir un fin común, ya sea religioso, pecuniario, político o para la defensa. El contrato, de carácter consensual, implicaba que dos o más personas se comprometían a colocar ciertas cosas en común para obtener una utilidad. Ese simple acuerdo de partes perfeccionaba el contrato; al tiempo que el consentimiento podía manifestarse de cualquier forma, incluso oralmente. Lo que caracterizaba la figura era el ánimo *contrahenda societatis* que debía recaer sobre dos puntos esenciales: 1) que los asociados se comprometan a poner ciertos bienes en común; y, 2) que tengan como fin un resultado lícito y común." (Gigglberger, 2010)

Estos últimos dos puntos, comienzan a señalar el interés de este trabajo en tanto define las bases de los deberes y las obligaciones de un socio y se vuelve importante señalar la diferencia entre los dos conceptos que, según los autores, configuran el ánimo *contrahenda societatis*. Por un lado, encontramos la obligación patrimonial en donde hay una integración de unos bienes a los que se les dará un uso en conjunto. Por el otro, está también que ese uso sea lícito y común. Con lo cual hay una obligación evidente de apegarse a la ley, pero además de darle a dichos bienes un uso encaminado a proteger la integridad de estos y, racionalmente, el favorecimiento de los beneficios a partir de ellos, para todos los socios.

1.1. *Affectio Socitetatis*

En este sentido, aparece un concepto que parece ser parte de la esencia de una sociedad en tanto la falta de él constituye, según parece, una causal de disolución de ésta. Se lo conoce como *Affectio Societatis*.

"Se trata, entonces, de la voluntad de cada socio de adecuar su conducta y sus intereses al objeto de la sociedad, lo que está vinculado a la consecución de un fin social y por una disposición anímica activa de colaboración en el objeto social. Dicho de otro modo, constituye un elemento singular de orden sicológico, que exige una participación organizativa y una convergencia de intereses para correr un riesgo común en el destino de la empresa. Si en la marcha de ella falta el affectio lo más probable será que la sociedad fracase debido a estar ausente la necesaria adhesión de los socios a la realización de él o de los objetos sociales. En este orden de ideas, la affectio societatis es un elemento de la esencia de la sociedad que, sin contar con texto positivo expreso, se desprende de la propia definición de las sociedades y la configuración de estos tipos sociales. Ello implica que, si ésta se pierde o se extingue durante la vigencia de la sociedad, dará lugar a la solicitud de disolución de esta." (Vásquez, 2018)

Cabe resaltar en la definición de María Fernanda Vázquez varios puntos. En primer lugar, constituye un *"elemento singular de orden psicológico"*, es decir que no hace parte del patrimonio, no se puede comprar ni vender o comerciar de ninguna forma con él.

Además, exige una *"participación organizativa"*, quiere decir que involucra algún nivel de participación en la organización de los destinos de los bienes comunes. También contiene un componente de *"convergencia de intereses para correr un riesgo común"*, que es en mi opinión el más importante de todos.

Se puede observar en la definición del concepto el porqué de su importancia al hablar de derechos y deberes del socio. Aquí convergen algunos de los principios que darán origen a los mismos en tanto, ellos tendrán como fin, el bien común de la sociedad comercial.

1.2 Sociedades típicas

La LGS tipifica siete sociedades con características particulares que suponen a su vez derechos y obligaciones distintos entre sí. Encontramos en la ley la Sociedad Colectiva (S.C), la Sociedad en Comandita Simple (S.C.S), Sociedad de Capital e Industria (S.C.I), la Sociedad de Responsabilidad Limitada (S.R.L), la Sociedad en Comandita por Acciones (S.C.A) la Sociedad Anónima (S.A.) y Sociedad Accidental o en Participación. A ella hay que agregarle la Sociedad por Acciones Simplificadas (S.A.S) de creación posterior y que no está incluida en la LGS.

Para efectos de este documento, por ahora bastará con diferenciar las sociedades en dos categorías; de personas y de capital. Las sociedades que llamamos de personas se refieren a las organizaciones societarias como tales como la S.C o la S.C.S. a en donde todos algunos de los socios deben responder de manera ilimitada y solidaria por las pérdidas de la sociedad. Esto difiera de lo que ocurre en las sociedades de capital como la S.R.L. o S.A. dónde los socios deberán responder únicamente con lo que hayan aportado a la sociedad. (Estudio, 2010)

Esta diferencia es importante en el análisis de los derechos y deberes de los socios puesto que se relaciona con una de las primeras obligaciones que tiene un socio para adquirir calidad de tal, que es justamente la integración del capital.

Los tipos de sociedad regulan las condiciones de esta integración y, con igual o mayor importancia, la oponibilidad de las obligaciones generadas por el funcionamiento de la sociedad.

2. Deberes de los socios

Los socios para preciarse de tal deben cumplir con algunas obligaciones que son indivisibles del carácter de socio. Es decir, que no se podría hablar de que haya sociedad sin que estas ocurran. Sin embargo, hay otros deberes que no necesariamente configuran el carácter de socio pero que sí son necesarios en el actuar dentro de la sociedad.

2.1 Integración de los aportes

El Artículo I de la LGS establece que *"Habrá sociedad si una o más personas en forma organizada conforme a uno de los tipos previstos en esta ley, se obligan a realizar aportes para aplicarlos a la producción o intercambio de bienes o servicios, participando de los beneficios y soportando las pérdidas."* En este artículo se define el origen de la primera obligación del socio: realizar aportes.

La ley además define que los destinos de esos aportes, que deben tener la particularidad de aplicarse al funcionamiento de la sociedad. Es decir, se puede entender que cualquier bien o servicio que se integra para el funcionamiento de la empresa se toma como aportes a la sociedad y en ese sentido le otorgan la calidad de socio a quien los realiza.

La anterior es una aclaración no menor en tanto propone la pregunta ¿Cualquier bien o servicio puede ser aportado por cualquier persona en la integración de aportes para adquirir la calidad de socio en cualquier sociedad?

La primera diferencia que habría que hacer es la de bienes o servicios como posibles aportes. La LGS menciona esta diferencia y la regula de la siguiente forma en el artículo 38. *"Los aportes pueden consistir en obligaciones de dar o de hacer, salvo para los tipos de sociedad en lo que se exige que consistan en obligaciones de dar."* Con lo cual, no en todos los casos las obligaciones de hacer constituyen un aporte suficiente.

El artículo 39 LGS establece que para las sociedades de responsabilidad limitada y por acciones, los aportes serán de bienes susceptibles de ejecución forzada. Esto tiene sentido en tanto los acreedores sólo podrán cobrarse de los aportes realizados, lo que no podría cumplirse en caso de resultar de obligaciones de hacer. Con lo cual se ve un claro interés de la ley por proteger los intereses de quienes contratan con este tipo de sociedades.

2.2 Adecuar su conducta a las necesidades de la sociedad

Además de integrar los aportes y convertirse en socio, quien forma parte de una sociedad tendrá responsabilidades con la sociedad que no terminan solamente con la entrega de los bienes suscriptos. Hay quienes engloban estos deberes dentro del concepto de *affectio societatis*.

Según Fargossi, citado por Panero (2015) *"El affectio societatis es reconocido por la doctrina como un factor esencial en el contrato de sociedad, siendo en realidad la característica más típica que distingue a la sociedad de otras relaciones jurídicas con las que pudiera confundirse. Sintetizada como la voluntad de colaborar en forma activa en la empresa común."*

Si bien el concepto no figura en la ley como causal de disolución, parece recoger algunos de los deberes que sí pueden llegar a hacerlo.

2.3. Deber de lealtad

Se puede entender como primera instancia del deber de lealtad la no competencia por parte de los socios con la sociedad. Esto se especifica en la Sección II de la LGS en el artículo 133, en referencia a las sociedades colectivas: *"Un socio no puede realizar por cuenta propia o ajena actos que importen competir con la sociedad, salvo consentimiento expreso y unánime de los consocios."*

Está claro que cuanto más pequeña sea la sociedad será mayor el deber de lealtad y no competencia. Una cosa es la exigencia de este requisito en un pequeño emprendimiento de dos socios y otra muy diferente de quien posea acciones de sociedades comerciales multinacionales rivales (por ejemplo, Microsoft y Apple). En ese segundo caso – salvo que se trate de un accionista mayoritario – el deber de lealtad no se verá afectado.

2.4. Deber de administración

Los socios deben ejercer el gobierno o representación de la sociedad o abstenerse de intervenir en el mismo, según lo disponga el contrato o normas legales. Toda vez que las sociedades no pueden ejercer su actividad por si solas, es solo lógico que se designen personas que tengan la responsabilidad de hacerlo. Esto es, administrar los bienes de la sociedad y llevar a cabo todos los actos que se requieran para cumplir con el objeto social. Es así como nace el deber de administración, que en última instancia es de los socios. La forma en que los socios responden por este deber difiere ligeramente en las sociedades de personas y las sociedades de capital. (Sal, S 2001)

Los artículos 127, 136 y 143 de la LGS describen lo que aplica para las sociedades de personas en el que el contrato regulará el régimen de administración. En su defecto, administrará cualquiera de los socios indistintamente. Vale la pena aclarar que, respecto de las sociedades en comandita, que los socios comanditarios no se pueden inmiscuir en la administración ya que esto lo haría responsable ilimitada y solidariamente según lo prevé el artículo 137 LGS.

Se entiende que lo que la LGS aclara para el caso de silencio en sus estatutos se aplica solamente para las sociedades de personas. En las sociedades de capital, es necesario que el instrumento constitutivo contenga la designación del órgano de administración.

Las S.R.L. se rigen por el art.157 LGS que exige la designación de uno o más gerentes. En las S.A. la administración está a cargo de un directorio, cuya organización se regula en los art.255 y ss. de la LGS. Tanto la designación como la remoción debe inscribirse. (La Ley, 1992).

Si el socio ha sido excluido de la administración, conserva igualmente el derecho de control previsto en el art.55 de la LGS.

2.5. Obligación de realizar aportes

El aporte a una sociedad es una operación jurídica que tiene por finalidad afectar el bien aportado al objeto social (Ripert G., 1954) Es esencial para el desenvolvimiento de la sociedad que los socios contribuyan a la formación del fondo común. Los aportes entregados a la Sociedad por éstos pasan a formar parte del capital social perteneciendo con exclusividad a aquella, quedando afectados a su giro y sirviendo de prenda común a los acreedores (CNCom, Sala E, 1990). El cumplimiento de esta obligación corresponde a cada tipo societario, de acuerdo con los plazos máximos dispuestos por la ley, o cuando lo establezca el contrato social, o desde la inscripción de la sociedad cuando no se hubiera establecido plazo. (art.149 LGS para las SRL, 172 inc.3 y 187 LGS para las S.A.).

2.6. Mora en el aporte

El mero vencimiento del plazo en que debió realizarse el aporte coloca al socio en mora, no siendo necesaria la interpelación previa. Sin perjuicio de ello debe notificarse al aportante de tal circunstancia a fin de que el mismo este al tanto de ella. (El Derecho, 1981)

Dicha situación genera las siguientes consecuencias:
1) la posibilidad de exigir el cumplimiento del aporte más los daños y perjuicios resultantes de la mora;
2) la posibilidad de excluir al socio moroso sin más (art.37 LGS), inclusive si el incumplimiento es parcial;
3) La suspensión automática de los derechos en las S.A. - art.192 LGS. - pudiendo los estatutos prever la venta de las acciones de los suscriptores morosos (art.193 LGS.) y otras sanciones (vgr. caducidad de derechos). Esto es así por cuanto la resolución parcial es incompatible con estos tipos de sociedades por la naturaleza circulatoria de la participación social y por la circunstancia de que en estas no se repara en la persona del socio, sino en el capital que aporta. (Sal.S, 2001)

2.7. Obligación de soportar las perdidas

Es lógico que todos los socios soporten las perdidas ya que es algo inherente a concepto de sociedad, pero la situación varía según el tipo social de que se trate. Cuando el socio es responsable solidaria e ilimitadamente por las obligaciones sociales goza del beneficio de excusión (art. 56 LGS.), por lo que deben ejecutarse previamente los bienes sociales (principio de subsidiariedad), beneficio que desaparece en el caso de quiebra de la sociedad.

3. Derechos del socio

Al ser parte de una sociedad, quienes la componen adquieren ciertos derechos más allá de los económicos. El socio tiene derechos que por su naturaleza podemos llamar políticos, en tanto tienen que ver con definir qué se hace con la sociedad y su gobierno, y patrimoniales que comprenden los derechos de los socios sobre el capital y los bienes de la sociedad.

3.1 Derechos políticos

"Los derechos políticos de los accionistas son aquellos que tienen los accionistas de una empresa para participar de la administración de dicha sociedad. Es decir, es la facultad de intervenir en las decisiones de una compañía. En otras palabras, los derechos políticos de los accionistas aseguran a los socios de una firma que su voz será escuchada para los planes de gestión." (Westreicher, 2020)

Como señala el autor, lo importante de los derechos políticos es participar de las decisiones que se toman en la sociedad (nótese que son derechos, pero también deberes), y para ello también es esencial el ejercicio de los siguientes derechos:

3.2 Derecho de información

Los accionistas deben ser reportados sobre la situación de la empresa. Esto, a través de los estados financieros y usualmente de un reporte de gestión. Asimismo, sobre dichos documentos, se pueden solicitar aclaraciones. El derecho a la información resulta en sí mismo muy importante para el correcto funcionamiento de la sociedad ya que permite a los socios tomar decisiones informadas y poder ejercer control sobre la sociedad, más allá de los órganos de fiscalización que esta posea en caso de corresponder.

La manera de ejercer este derecho no sólo se ejerce con la obtención de los estados contables, sino también mediante la asistencia a las asambleas o reuniones de socios donde pueden hacer oír su opinión y preguntar directamente allí a los administradores de la sociedad sobre su gestión y la situación de la sociedad. A través de las asambleas, el accionista se nutre de la información, lo que le permite tener mayores elementos de decisión a la hora de ejercer sus derechos políticos (votar).

3.3. Derecho de receso

El derecho de receso permite a los accionistas disconformes con las modificaciones societarias tales cómo la transformación, prórroga o reconducción, de la transferencia del domicilio al extranjero, del cambio fundamental del objeto, de la reintegración total o parcial del capital, la fusión y la escisión, separarse de la sociedad con reembolso del valor de sus acciones. También podrán hacer uso de ese derecho en caso de aumentos de capital que competan a la asamblea extraordinaria y que impliquen desembolso para el socio, de retiro voluntario de la oferta pública o de la cotización de las acciones y de continuación de la sociedad en el supuesto del artículo 94 inciso 9) LGS. Este derecho no se aplica en las sociedades que hacen oferta pública o cotización de sus acciones (art. 244 LGS)

Encontramos entonces que *"El derecho de receso es un instituto que cumple una función relevante en el Derecho Societario. En lo básico, se podría decir que funciona como un elemento de equilibrio entre dos distintos intereses: el social y el individual del accionista. En principio, la tendencia es proteger superlativamente al primero, considerando que hay que apoyar el desarrollo de los emprendimientos empresariales porque son generadores de empleo y de intercambio y motores de la economía."* (Gulminelli, 2017)

3.4. Derecho de preferencia y de acrecer

El derecho de suscripción preferente, regulado por los arts. 194 a 197 LGS, es uno de los derechos derivados del *status socii* de los accionistas de las sociedades accionarias.

A decir de Barreiro (2005) *" puede concebírselo como el derecho patrimonial que tiende al mantenimiento de los derechos de participación societaria del accionista titular de acciones ordinarias de voto simple o plural en la misma proporción existente al tiempo en que se decide una nueva emisión accionaria, que lo faculta para suscribir con preferencia respecto de terceros que carezcan de participación accionaria los títulos, de la misma clase que posea, que se emitan en consecuencia de los aumentos de capital decididos por la sociedad."*

Claramente la ley, al otorgar este derecho, demuestra su inclinación a la continuidad del *contrahenda societatis* original y en ese sentido también darle continuidad al presunto buen funcionamiento de la sociedad.

El articulo 194 LGS describe también el derecho de acrecer que permite que un socio suscriba e integre el capital de los socios que hayan optado por no suscribir el nuevo aumento de capital, esto antes de ofrecer dicha parte a terceros ajenos a la sociedad.

3.5 Derechos Patrimoniales

Los derechos patrimoniales de los socios deben cuantificarse, teniendo en miras y como paradigma un "valor equitativo". Entonces, frente al ejercicio del derecho de preferencia respecto una participación social o del derecho de receso, la determinación del valor de la participación social del socio excluido, la relación de canje en la fusión, la fijación del valor de la prima debe fijarse un "valor equitativo", congruente con la realidad. (Romano, 2001)

El autor propone una protección adicional que, según él, haría falta incluir en tanto no se debe tomar en cuenta solamente el valor de libros del patrimonio. Esta problemática puede suponer una contraposición entre los intereses del socio y los de la sociedad.

3.6. Derecho al dividendo

El principal objeto de una sociedad comercial es el lucro, ya que los socios lo que desean es un retorno de su inversión. Sin embargo, algunos autores sostienen que esto no es una característica indispensable de las sociedades comerciales, como ocurre en el caso de las Sociedades "B".

El derecho al dividendo se refiere el hecho de que el socio es acreedor a las utilidades generadas en el ejercicio. García (2007) explica que la doctrina distingue entre el derecho abstracto y el derecho concreto al dividendo, o entre el derecho a las utilidades y el derecho al dividendo, o entre el derecho al dividendo y el crédito por el dividendo. Más allá de diferencias terminológicas, la distinción efectuada apunta a diferenciar, por un lado, el derecho subjetivo de contenido patrimonial que tienen, en forma abstracta, todos los accionistas a participar en las utilidades generadas por la sociedad y, por otro lado, el derecho concreto y específico de crédito, a percibir de la sociedad un importe determinado de dinero por concepto de dividendos, el cual recién surge en el momento en que la asamblea de la sociedad anónima resuelve el reparto efectivo entre los accionistas de las utilidades devengadas.

Conclusión

La LGS prioriza garantizar la vida y la subsistencia de las sociedades. Es consciente de que la empresa es un catalizador de movilidad social necesario además para la economía, por lo que preserva sus intereses hasta donde más se puede. Los países con mayor desarrollo económico son aquellos que tienen mayor cantidad de sociedades comerciales en funcionamiento.

Sin perjuicio de lo anterior la LGS también protege con los derechos y deberes de los socios, el uso correcto de la sociedad, así como la legalidad de los actos de esta, la idoneidad en su manejo, todo ello cuidando – en un delicado equilibrio - la individualidad de los socios y sus intereses, pero regulándola de tal manera que se brinde confianza a los acreedores y se resguarden también sus intereses, quienes encontrarán en las regulaciones el respaldo que necesitan para contratar con cualquier sociedad.

No obstante, puede haber camino por recorrer con problemáticas como la del valor de libros en contraposición al valor real de una sociedad para un socio recedente ya sea por opción o herencia. Esto en tanto es importante también garantizar los derechos de socios potenciales para que siempre haya incentivos para formar sociedades.

Referencias Bibliográficas y artículos

- Barreiro, R. F. (19/12/2005). El derecho de suscripción preferente en las sociedades anónimas. Obtenido de iProfesional: https://www.iprofesional.com/legales/22627-el-derecho-de-suscripcion-preferente-en-las-sociedades-anonimas

- CNCom, Sala E, mayo 24-990, López Fernández, Adolfo C/Vivero SRL) I, 1990-B, 2174

- El Derecho 1981, Cn. Com Sala A, Octubre 15-1981, Constructora Atlántida SRL c/ Mizrahi Moisés, ED.T.97 pag.366

- García, R. O. (2007). "No todo lo que brilla es oro: el derecho al dividendo y el compromiso con la estabilidad social ". La Falda, Córdoba: VI Congreso Iberoamericano de Derecho Societario y de la Empresa.

- Gigglberger, J. (2010). Breves apuntes sobre la evolución de la sociedad comercial. Buenos Aires: Revista Jurídica UCES.

- Gulminelli, P. R. (12 de Noviembre de 2017). El derecho de receso. Obtenido de Derecho Societario:

http://sociedadesmdp.blogspot.com/2017/11/el-derecho-de-receso.html

- La Ley 1992-A, 222 (CNCom, Sala D, abril 30-991, Agrícola Ganadera La Marca SRL).

- Panero, F. J. (2015). Regulación Legal De Las Sociedades En El Derecho Positivo Argentino. Buenos Aires.

- Ripert, George (1954) Tratado Elemental de Derecho Comercial, Tomo II, pag.61.

- Romano, A. A. (2001). Los derechos patrimoniales de los socios y un "valor equitativo". Rosario: IV Congreso Iberoamericano de Derecho Societario y de la Empresa.

- Sal, S. (2001). Capitulo "Socios" del "Manual de Derecho Privado" Becco- Estoup Ed. La Ley, diciembre 2011

- Vásquez, M. F. (2018). Delimitación y construcción de la affectio societatis en el contrato social y cómo su pérdida configura su disolución. El Mercurio Legal, 1.

- Westreicher, G. (20 de Marzo de 2020). Derechos políticos de los accionistas. Obtenido de Economipedia.com: https://economipedia.com/definiciones/derechos-politicos-de-los-accionistas.html

Abadal - Barraza Hurtado - Chero - Escalada - Ferreira - Ibarra - Pereyra - Pio Capcha - Quispe

DELITOS SOCIETARIOS
Por Briggithe Stefany Pio Capcha[20]

Introducción – Concepto - Características de los delitos Societarios - Calidad del sujeto Activo - La sociedad Comercial como ámbito de comisión de los delitos societarios - La tutela del patrimonio de la sociedad frente a acreedores y terceros - El interés social - El régimen de sociedades comerciales argentino y el interés social- Los deberes societarios- Tipos de delitos Societarios - Delito de defraudación - El abuso de confianza - El quebrantamiento de la Fidelidad - Delito de Balance e Informe falso -Delito de Vaciamiento de Empresa - La responsabilidad penal de la persona jurídica -

Introducción

La mayoría de las obras que abordan el estudio de la delincuencia económica coinciden en afirmar que existe dos tipos de delitos empresarios: los llamados delitos "de empresa", en donde la persona jurídica es centro de actuación como autor de conductas punibles (en aquellos ordenamientos en que se admite esa posibilidad) y los delitos "desde" la empresa o "en" la misma, protagonizados exclusivamente por personas humanas,

---

[20] Estudiante de la carrera de Administración FCE- UBA – 2018 Técnica de Administración de empresas en el Instituto IDAT (Perú) Mail: briggithe.pio27@gmail.com

pero utilizando el ropaje de una persona jurídica o actuando en el interior de la misma, en perjuicio de la sociedad, de sus integrantes, o de sus acreedores. (García De Enterría, 2016)

El tema que elegí tratar en este presente trabajo es sobre los delitos societarios que constituyen el paradigma de los delitos cometidos "en" la empresa (contra ésta, sus acreedores o socios) o "desde" la empresa, afectando bienes jurídicos de terceros" (Ilharrescondo, 2008), no los que pudiera cometer la sociedad comercial misma.

Los delitos societarios se encuentran previstos en la parte especial del Código Penal (CP) y son los siguientes: (i) defraudación; (ii) balance e informe falso; (ii) autorización indebida; y (iv) vaciamiento de empresas. (Acevedo M., 2015).

Por otro lado, la Ley 27401 establece el régimen de responsabilidad penal aplicable a las personas jurídicas privadas, ya sean de capital nacional o extranjero, con o sin participación estatal por ilícitos relacionados por casos de pago de dádivas al Estado entre otros.

Si hablamos de delito de defraudación éste se encuentra regulado en el Art. 173, inc. 7º del CP. Si bien se tratará puntualmente en el desarrollo del trabajo podemos adelantar que éste incluiría al representante, administrador, gerente u otros que tienen como obligación de velar y salvaguardar el patrimonio de la sociedad comercial y van en contra de sus deberes para beneficiarse o para favorecer a algún tercero. Tiene relación con lo que establece el art 59 de la ley General de Sociedades 19.550 (LGS) en cuanto a que los administradores deben *"obrar con lealtad y diligencia del buen hombre de negocios. Los que faltaren a sus obligaciones son responsables, ilimitada y solidariamente, por los daños y perjuicios que resultaren de su acción u omisión".*

El CP contempla dos formas comisivas del delito de defraudación: (a) El abuso, en el que el representante legal excede los límites de su representación y (b) El subtipo quebrantamiento de fidelidad exige que el sujeto sepa que actúa violando sus deberes sociales y su conducta es idónea para perjudicar el patrimonio del ente.

El segundo tipo de delitos societarios es el de "Balance e informe falso" regulado por el art. 300, inc. 3° del CP.

El tercero es el delito de vaciamiento de empresas contenida en la ley 25.602 que incorporó en el año 2002, en el Título VI ("Delitos contra la propiedad"), Capítulo IV ("Estafas y otras defraudaciones") del CP, más precisamente en su art. 174.

El cuarto delito societario que analizaré es el "autorizaciones indebidas" - art. 301 del CP -. Esta figura se construye sobre la base de violaciones de deberes por parte de aquellas personas que gestionan o administran la estructura interna societaria, que despliegan una acción en violación de dichos deberes y que, además, resulta ser contraria a la ley y a los estatutos. Del articulado citado surge la necesidad de que el autor sea director, gerente, administrador o liquidador de una sociedad anónima o cooperativa o de otra persona colectiva y no se consideran posibles autores a los síndicos, a los integrantes del consejo de vigilancia o a los auditores. Para reconocidos penalistas, esta omisión es injustificable debido al rol esencial que cumplen en la fiscalización legal (Acevedo M., 2015)

Finalmente, el objetivo de este trabajo es explicar las consecuencias de este tipo de delitos, como se podrían proteger los socios, los accionistas y acreedores, para que invertir dinero en una empresa no signifique ser víctima de una estafa o defraudación.

Vale recordar el caso de la firma Petrobras que a pesar de admitir su culpabilidad en una corte de los Estados Unidos de Norteamérica en cuanto a la manipulación de sus balances - que trajo como consecuencia graves perjuicios a accionistas argentinos – no pudo ser juzgada en la República Argentina ya que un fallo dictaminó dicha sociedad no es punible en el país porque no se puede someter a juicio a un estado soberano, dando a entender que la empresa, que tiene accionistas privados, es un ente público, idea con la que es difícil coincidir.

1. Delitos Societarios. Concepto

Los delitos societarios constituyen aquellas conductas típicas antijurídicas y culpables, operadas en el seno de la sociedad o una corporación, contra intereses del mismo ente, de sus asociados o de terceros, protagonizadas generalmente por quienes, en el momento, de desplegar la acción, detentan el carácter de integrantes de los órganos de administración, fiscalización o gobierno o tienen influencia dominante sobre estos últimos, constituyendo esta particular modalidad de delito, la manifestación más elocuente de la delincuencia empresaria. (Ilharrescondo, 2008)

Otra definición establece que son aquellos que se cometen en una sociedad comercial por sus administradores generalmente, y en perjuicio de la sociedad, accionistas y/o terceros; se configura así un sujeto activo (gestor, administrador, gerente o director), un sujeto pasivo (sociedad o terceros) y un objeto (actos u omisiones delictivas). (Mascheroni, 1984)

También que son los perpetrados en una sociedad comercial por sus administradores, gerentes, directores y/o fiscalizadores internos, contra dicha sociedad, sus socios o terceros. (García De Enterría, 2016) o que alcanzan a los ilícitos cometidos por sujetos que ejercen funciones de particular importancia en el seno de las sociedades comerciales en violación de sus deberes o con abuso de los poderes conferidos por la ley. (Heredia, 1997)

Claramente son aquellas conductas típicas, antijurídicas y culpables realizadas en el seno de una corporación o sociedad mercantil, en perjuicio de la propia empresa, de sus socios o de terceros, por quienes detentan la posición de garante frente al ordenamiento jurídico, del interés social de la empresa o de los socios que lo integran. (Frick, 2009)

2. Características de los delitos Societarios

2.1. Especial calidad del sujeto activo

Se considera como cualidad particular de los delitos societarios, el hecho basado en que el proceder ilícito generalmente es desplegado por los integrantes de los órganos de administración o dirección de la empresa o por el cuerpo contralor de esta. Sin embargo, no comparto que la naturaleza societaria de un delito pueda determinarse solamente teniendo en cuenta la pertenencia del autor a los cuerpos de administración o fiscalización de la sociedad, dado que resulta perfectamente posible que algunas conductas atentatorias contra el patrimonio del ente o al propio interés de los socios, sean protagonizadas también por quienes conforman los órganos de gobierno de la corporación (por ejemplo, accionistas participantes en las asambleas en las S.A., o cuotapartistas en las SRL) a los que los directores o gerentes, en su caso, le deben obediencia, de conformidad con el sistema de asignación de roles previsto por la legislación comercial. (Ilharrescondo, 2008)

Como hemos podido leer en las definiciones, algunos autores nos hablan de un sujeto activo que es el que actúa en contra de la ley. Mayormente son los miembros de una sociedad comercial que ejercen control o poder en la toma de decisiones (administradores, gerentes, directores, socios, etc.) pero también hay casos donde el sujeto activo es un empleado perteneciente al nivel operativo o medio que es el ejecutor de tareas y no tiene que ver con el nivel estratégico de la organización. Un claro ejemplo es lo que ocurrió en una reconocida firma de venta electrónica de ropa deportiva en la que un joven fue detenido por estafar a la empresa donde trabajaba, Según la acusación en su contra, ejecutó, junto a al menos un cómplice, un plan para robar 12 millones de pesos, que fueron destinados a comprar equipos informáticos e invertir en criptomonedas. El caso comenzó a investigarse el 20 de marzo del año 2021, cuando el personal del sector de finanzas de la empresa detectó un faltante de dinero de una de sus cuentas de Mercado Pago. Fueron imputadas dos personas, una de las cuales trabajaba en el área de sistemas de la compañía damnificada desde enero de 2019.

Según informó la agencia Télam que las maniobras de estafas se mantuvieron hasta abril último, lapso en el que quedaron registradas unas 45 transferencias desde dos "billeteras electrónicas" que posee la empresa hacia cuentas bancarias por un monto total de $12.439.000. Habrían utilizado técnicas de manipulación informática que alteraron el normal funcionamiento del sistema informático, conocido como 'cracking', y obtuvieron un ilegítimo beneficio económico para vulnerar las cuentas que la empresa posee registradas por ante la plataforma Mercado Libre. Estos dos empleados quedaron imputados por defraudación mediante técnicas de manipulación informática que alteren el normal funcionamiento de un sistema informático o la transmisión de datos. (Infobae, 2021)

2.2. La sociedad Comercial como ámbito de comisión de los delitos societarios

La consideración de la sociedad como el ámbito en donde se desarrolla la mayor parte del *iter criminis* de este tipo de delitos ofrecen formas propias de actuación que no se presentan en otros estamentos de la comunidad. (Ilharrescondo, 2008)

En mi opinión la sociedad comercial es el centro ideal para la ocurrencia de estos delitos ya que muchas veces es difícil saber quiénes son sus socios sobre todo cuando hay personas jurídicas interpuestas. Por ejemplo, en el caso de la firma Vicentin S.A. se habrían detectado al menos 20 sociedades ligadas al grupo, lo que dificulta el seguimiento de las operaciones comerciales entre ellas, sobre todo en grupos económicos que poseen sociedades en el exterior u *offshore*.

2.3. La tutela del patrimonio de la sociedad frente a acreedores y terceros

Las sociedades son una construcción normativa que detenta autonomía jurídica respecto de sus integrantes y que, por dichas circunstancias, merecen tener una tutela legal independiente de parte del ordenamiento punitivo.

Bajo el rotulo de delitos societarios se ubican bienes jurídicos de diverso significado tales como el patrimonio del ente (comprendiendo la libre relación de este por parte de la sociedad y como garantía común de los acreedores), el patrimonio de los socios (abarcando esencialmente sus derechos como tales) y los intereses de terceros que eventualmente contraten con el ente o ya lo hayan hecho como acreedores. (Ilharrescondo, 2008)

Para garantizar la protección y reforzamiento del patrimonio la LGS nos habla de las reservas más precisamente en el Art. 70: *"Las sociedades de responsabilidad limitada y las sociedades por acciones, deben efectuar una reserva no menor del cinco por ciento (5 %) de las ganancias realizadas y líquidas que arroje el estado de resultados del ejercicio, hasta alcanzar el veinte por ciento (20 %) del capital social. Cuando esta reserva quede disminuida por cualquier razón, no pueden distribuirse ganancias hasta su reintegro."*

Es muy importante la reserva legal por su finalidad, que es la protección del capital social en beneficio tanto de la sociedad, de los socios o accionistas como también en defensa de los intereses de terceros vinculados al ente societario.

Por otra parte, el artículo 70 de la LGS aclara que en cualquier tipo de sociedad podrán constituirse otras reservas que las legales, siempre que las mismas sean razonables y respondan a una prudente administración. En las sociedades por acciones la decisión para la constitución de estas reservas se adoptará conforme al artículo 244 LGS, última parte, cuando su monto exceda del capital y de las reservas legales, en las SRL, requiere la mayoría necesaria para la modificación del contrato. Este tipo de reservas son las facultativas o estatutarias (si se encuentran contempladas dentro del estatuto), y dependen de la decisión de los socios ya que toda reserva se obtiene de los dividendos o ganancias que son repartidas – o no, según la decisión de los socios - después de la presentación y aprobación del Balance General por el órgano competente Es una buena manera de que las sociedades comerciales por decisión de los socios destinen esa reserva para prevenir cualquier contingencia.

2.4. El interés social

El interés social no es otro que la suma de intereses particulares de sus socios, de forma que cualquier daño producido al interés común del reparto de beneficios o a cualquier otra ventaja comunitaria supone una lesión al interés social. (Maiz, 2021)

Dentro de aquellos sectores que bregan por la existencia del interés social en el ámbito de las personas jurídicas, se distinguen dos corrientes a) la llamada Teoría contractualista; y b) la Teoría institucionalista.

En la teoría Contractualista se puede distinguir el interés social del interés extra social de los socios, definiendo como el primero como aquel que se encuentra dentro del esquema causal del contrato de sociedad, siendo el interés extra social aquel que se muestra ajeno al primero y por ende de naturaleza estrictamente personal. Mientras que la Teoría institucionalista sostiene la existencia de un interés social que trascienda el interés personal de los socios y al que estos últimos deben subordinarse. (Galgano, 1984)

2.5. **El régimen de sociedades comerciales argentino y el interés social**

Partiendo de la base que nuestro ordenamiento constituye un sistema integrado de normas, donde cada rama del derecho no puede ser interpretada con abstracción de las otras, vemos entonces que nuestra ley societaria asume una decisiva defensa no solo del patrimonio del ente en sí, sino también de los intereses de los socios minoristas y de los terceros contratantes o con posibilidad de contratar con la sociedad. (Ilharrescondo, 2008)

El interés social constituye un bien jurídico que procura la protección del patrimonio social, de los derechos de los socios y de los acreedores. La LGS establece disposiciones de tutela de interés social al introducir el marco regulatorio del funcionamiento de las sociedades comerciales ya sea en la parte administrativa como lo que nos dice el art 248 LGS: *"El accionista o su representante que en una operación determinada tenga por cuenta propia o ajena un interés contrario al de la sociedad, tiene obligación de abstenerse de votar los acuerdos relativos a aquélla, Si contraviniese esta disposición será responsable de los daños y perjuicios, cuando sin su voto no se hubiera logrado la mayoría necesaria para una decisión válida."*. Este artículo nos da entender que lo que debe primar en una sociedad es el interés social y no ir en contra de ella por los intereses individuales de los socios o representantes. Por tal motivo la ley establece que se abstenga de emitir su voto en dicha Asamblea ya que resultaría un contrario a la *affectio societatis*.

La LGS prioriza la necesidad de protección del interés social y eso se refleja en el artículo 271 LGS en el cual se establece que al director de la sociedad comercial no se le prohíbe hacer contratos con el ente siempre que respete las condiciones del mercado y en el caso de no reunir dichos requisitos sólo podrán celebrarse previa aprobación del directorio o conformidad de la sindicatura si no existiese quórum. De esto deberá darse cuenta a la asamblea y es necesario la aprobación del directorio o sindicatura si no existiese quórum en la Asamblea, resultado nulo en el caso de no realizar dicho procedimiento. Si se rechazan los contratos celebrados por los directores o la sindicatura, estos serán responsable solidariamente por los daños y perjuicios ocasionados a la sociedad.

Obviamente en caso de que un director tenga un interés contrario al de la sociedad, deberá hacerlo saber al directorio y a los síndicos y abstenerse de intervenir en la deliberación, so pena de incurrir en la responsabilidad del artículo 59 LGS. En ese sentido el art. 273 LGS menciona que el director no puede participar por cuenta propia o de terceros, en actividades en competencia con la sociedad, salvo autorización expresa de la asamblea.

2.6. Los deberes societarios

Para algunos autores también la violación de los deberes societarios constituye uno de los rasgos característicos de este tipo de delitos. Es que indudablemente y en la mayoría de los casos, quienes revisten el carácter de autores materiales de las distintas conductas catalogadas como delitos societarios actúan violando deberes de naturaleza extrapenal previstos generalmente en la legislación comercial y civil, cuyo tratamiento resulta indispensable para el encuadre de distintas figuras. El art 59 de la LGS nos refiere que los administradores y los representantes de la sociedad deben obrar con lealtad y con la diligencia de "un buen hombre de negocios", elemento de por sí subjetivo.

El valor de la Lealtad es clave en una sociedad comercial ya que si todos cumplieran las conductas que marca la LGS se reducirían los casos de delitos societarios ya que se apuntaría solamente al interés social. El deber de lealtad establece un standard de conducta que impone a la mayoría formada por uno o varios socios emitir su voto contemplando no sólo los intereses propios vinculados a social, sino también aquellos intereses de los socios minoritarios que tengan vinculación con lo social. Tal standard de conducta es aplicable también a los socios minoritarios en el momento que pretenden ejercer sus derechos (voto, pedidos de información, impugnaciones de nulidad, etc.). (Racciatti, 2010)

3. Tipos de delitos Societarios

3.1. Delito de defraudación

Este tipo societario está contenido en el CP dentro del título "Delitos contra la propiedad "Capitulo IV. Estafas y otras Defraudaciones ". Se describe la conducta general en el artículo 172 CP: *"Será reprimido con prisión de un mes a seis años, el que defraudare a otro con nombre supuesto, calidad simulada, falsos títulos, influencia mentida, abuso de confianza o aparentando bienes, crédito, comisión, empresa o negociación o valiéndose de cualquier otro ardid o engaño"*.

El artículo siguiente, 173 CP en su inc. 7 especifica concretamente el delito de administración fraudulenta al prescribir que : *"El que, por disposición de la ley, de la autoridad o por un acto jurídico, tuviera a su cargo el manejo, la administración o el cuidado de bienes o intereses pecuniarios ajenos, y con el fin de procurar para sí o para un tercero un lucro indebido o para causar daño, violando sus deberes perjudicare los intereses confiados u obligare abusivamente al titular de éstos"*.

Lo que caracteriza a este tipo de ilícitos es la violación de los deberes en el caso de un administrador va en contra del art 59 LGS - deber de obrar con lealtad y diligencia de un hombre de negocio -.

El CP contempla dos formas de comisión del delito de defraudación: 1) el abuso de confianza y 2) el quebrantamiento de la fidelidad.

3.2. El abuso de confianza

Jurídicamente el término tiene diferentes acepciones y es empleado para referirse al mal uso o ejercicio arbitrario de la autoridad, la acción despótica de un poder a la consecuencia exagerada de un principio, por otra parte, un acto abusivo también es aquel acto que excede los márgenes impuestos por la razón o la justicia. (Santo, 1999)

Cuando hablamos del subtipo abuso de confianza nos referimos aquellos casos en que el representando legal sobrepasa los límites del poder conferido o se excede de su mandato, realizando operaciones no encomendadas, arriesgándose en negocios aventurados o aplicando en provecho propio los medios o beneficios procurados por la gestión. (Ilharrescondo, 2008)

Para destacados autores el problema se presenta especialmente en el ámbito societario respecto de aquellos actos notoriamente extraños al objeto social realizados por el administrador (art. 58 LGS), los cuales, aunque puedan ser inoponibles a la sociedad y no generarle a ésta perjuicio, pueden ser reprochados al autor en grado de tentativa. (Acevedo M., 2015)

3.3. El quebrantamiento de la Fidelidad

El CP sanciona al que *"violando sus deberes perjudicare los intereses confiados"*. En éste, se protege las relaciones internas, es decir, aquellas existentes entre el sujeto activo y la persona jurídica, frente a los perjuicios que pueda causar el administrador por infracción de sus deberes. Este subtipo penal requiere que el perjuicio sea atribuible al accionar del autor y que, además, se origine en la violación de deberes a cargo del administrador. A diferencia del subtipo de abuso, se castiga el obrar del autor que a la vez quebrante intereses patrimoniales que el sujeto activo está obligado a salvaguardar.

Algunos ejemplos sobre quebrantamiento de fidelidad serían los siguientes:
- La conducta del gerente técnico comercial de una empresa que para obtener un beneficio para sí mismo utiliza una suma de dinero que estaba facultado a disponer por la naturaleza de las funciones que desempeñaba.
- El accionar de un administrador societario que simula la existencia de una obligación a su favor, sin la existencia de una contrapartida documentada que justifique dicho hecho económico.
- El comportamiento de la empleada de una empresa que tiene a cargo el manejo de la "caja chica" que, con diversas maniobras de ocultamiento, alteración, y

exageración de gastos por sobrefacturación, obtuvo un beneficio económico en perjuicio de sus empleados durante un tiempo considerable.

En ambos subtipos, para que opere la consumación del delito es necesario que se ocasione un perjuicio o daño al patrimonio de la persona jurídica. Si bien la doctrina aclara que no es necesario que se traduzca en beneficio para el agente o para un tercero, en ambos casos se requiere el propósito de obtención de un beneficio indebido para sí o para terceros. (Acevedo M., 2015)

3.4. Delito de Balance e Informe falso

El art. 300 del CP establece que : *"Serán reprimidos con prisión de 6 meses a 2 años… el fundador, director, administrador, liquidador o síndico de una sociedad anónima o cooperativa o de otra persona colectiva, que a sabiendas publicare, certificare o autorizare un inventario, un balance, una cuenta de ganancias y pérdidas o las correspondientes informes, actas o memorias, falsos o incompletos o informare a la asamblea o reunión de socios con falsedad o reticencia, sobre hechos importantes para apreciar la situación económica de la empresa, cualquiera que hubiere sido el propósito perseguido al verificarlo".*

En materia de documentación y libros contables contamos con múltiples disposiciones en el Código Civil y Comercial de la Nación (CCyCN). La confección de los balances y libros contables deben estar realizados según las normas contables y recomendaciones del Consejo Profesional de Ciencias Económicas y cumplir los siguientes principios: ser claro, veraz, exacto, contar con uniformidad en los criterios de valoración. En la LGS, Sección 9 "De la documentación y de la Contabilidad" artículo 63 nos explica toda la información que debe suministrar el balance. De igual manera el art 62 LGS se explaya sobre el ajuste de los estados contables, ya que vivimos una economía inflacionaria y si se tiene que confeccionar el balance en moneda constante es muy importante tener en cuenta este fenómeno económico, ya que es necesario tanto para los socios ya que en base a esa información se toman las decisiones.

El CP enumera como sujetos activos del delito al *"fundador, director, administrador, liquidador o síndico de una sociedad"*. En principio puede ser un sujeto activo el Contador ya que si bien no está nombrado específicamente es el único que puede "certificar" los estados contables de la sociedad comercial.

El gran problema de este delito es, a mi entender, su pronta prescripción, que sólo es de dos años a contar desde la fecha de publicación o certificación. Además, es un delito doloso, lo cual significa que el sí error se generó por negligencia o impericia por parte del profesional interviniente, no sería punible.

3.5 **Delito de Vaciamiento de Empresa**

La ley 25.602 incorporó en el año 2002, en el Título VI ("Delitos contra la propiedad"), Capítulo IV ("Estafas y otras defraudaciones"), más precisamente en el art. 174 del CP un nuevo inciso – el sexto - que establece: *"Sufrirá prisión de dos a seis años... Inciso 6°:...el que maliciosamente afectare el normal desenvolvimiento de un establecimiento o explotación comercial, industrial, agropecuaria, minera, o destinado a la prestación de servicios; destruyere, dañare, hiciere desaparecer, ocultare o fraudulentamente disminuyere el valor de materias primas, productos de cualquier naturaleza, máquinas, equipos u otros bienes de capital"*

Dentro de este tipo pueden ser considerados como sujetos activos quienes integran formalmente los órganos de administración de empresa o el personal jerárquico o intermedio de esta. También es posible atribuirle el obrar reprochado por ley a quienes se encuentran fuera de la estructura de la dirección del ente o se ubican en relación de dependencia (personal obrero, técnico, etc.) aunque puede darse el caso de personas ajenas a la empresa como un activista gremial que durante una marcha de protesta atenta contra la maquinaria que es algo importante para el funcionamiento de la producción de la empresa.

También es importante conocer si el sujeto activo actuó con malicia, que constituye un elemento subjetivo que sirve para determinar "de donde" es que viene el obrar del sujeto activo lo que se tratar de una referencia legal a la motivación de la agente vinculada con la culpabilidad.

Lo cual puede dar a entender que hay una intención de causar un perjuicio (dolo).

3.6. La responsabilidad penal de la persona jurídica

Está regulada en la Ley 27401, que establece el régimen de responsabilidad penal aplicable a las personas jurídicas privadas, ya sean de capital nacional o extranjero, con o sin participación estatal, por los siguientes delitos:

a) Cohecho y tráfico de influencias, nacional y transnacional, previstos por los artículos 258 y 258 bis del Código Penal;

b) Negociaciones incompatibles con el ejercicio de funciones públicas, previstas por el artículo 265 del Código Penal;

c) Concusión, prevista por el artículo 268 del Código Penal;

d) Enriquecimiento ilícito de funcionarios y empleados, previsto por los artículos 268 (1) y (2) del Código Penal;

e) Balances e informes falsos agravados, previsto por el artículo 300 bis del Código Penal.

Aquí, las personas jurídicas son responsables por los delitos dichos ilícitos ya se que hayan sido realizados, directa o indirectamente, con su intervención en su nombre, interés o beneficio.

También son responsables si quien hubiere actuado en beneficio o interés de la persona jurídica fuere un tercero que careciese de atribuciones para obrar en representación de ella, siempre que la persona jurídica hubiese ratificado la gestión, aunque fuere de manera tácita.

La persona jurídica quedará exenta de responsabilidad sólo si la persona humana que cometió el delito hubiere actuado en su exclusivo beneficio y sin generar provecho alguno para aquella.

Las penas establecidas para estas sociedades pueden ser de (a) multa de dos (2) a cinco (5) veces del beneficio indebido obtenido o que se hubiese podido obtener; (b) Suspensión total o parcial de actividades, que en ningún caso podrá exceder de diez (10) años; (c) Suspensión para participar en concursos o licitaciones estatales de obras o servicios públicos o en cualquier otra actividad vinculada con el Estado, que en ningún caso podrá exceder de diez (10) años; (d) Disolución y liquidación de la personería cuando hubiese sido creada al solo efecto de la comisión del delito, o esos actos constituyan la principal actividad de la entidad; (e) Pérdida o suspensión de los beneficios estatales que tuviere; y (f) Publicación de un extracto de la sentencia condenatoria a costa de la persona jurídica.

Conclusiones

La causa de que se de este tipo de ilícitos es que en la mayoría de los casos el interés individual de administrador predomina sobre el interés individual, buscando lucro para sí mismo o la obtención de un beneficio sin importar los deberes que le fueron conferidos por los socios para salvaguardar el patrimonio de la sociedad Comercial.

El subtipo de quebrantamiento de fidelidad exige que el sujeto activo sepa que está violando sus deberes y que la conducta que protagoniza es idónea para perjudicar el patrimonio del ente. En cambio, el subtipo abuso además de todo lo anterior el sujeto activo debe conocer que su conducta excede las facultades que se le ha otorgado para obligar patrimonialmente a la sociedad. Sin embargo, todo esto no es suficiente para incriminar la conducta tiene que existir el propósito de obtención de un lucro indebido para si o para un tercero o la finalidad para perjudicar a la sociedad comercial también se puede concluir que el delito de administración fraudulenta es un delito doloso. Los actos realizados por imprudencia, negligencia o impericia no son reprochables penalmente.

El delito de Balance e Informe falso tiene una prescripción de dos años lo cual debería cambiar ya que muchas veces por tal razón ya no se le puede juzgar al sujeto activo y queda sin efecto todo el proceso de investigación.

El vaciamiento de empresas es un delito donde el sujeto actúa de forma maliciosa y en la que se busca la desaparición de los activos de la empresa o dañado a la misma generando un perjuicio a la sociedad y sobre todo a los acreedores que no podrán cobrar sus acreencias sobre los bienes de la sociedad al carecer esta dolosamente del activo necesario para afrontar sus deudas.

La ley 27401 es muy importante ya que antes solo contábamos con el CP que la responsabilidad por los ilícitos solo se imputa a las personas humanas (salvo en algunos pocos casos por ejemplo en el caso de la Ley Penal Tributaria o en lo establecido para el delito de Contrabando en el Código Aduanero) y por eso se necesitaba una ley que responsabilizara a las personas jurídicas modernizando nuestra ley penal y ajustándola a las normativas internacionales sobre este tema, de acuerdo con lo requerido por el GAFI.

Existen muchos más delitos que no solo pueden involucrar a la persona jurídica sino al personal del Estado como el cohecho que es la dádiva que se entrega a algún funcionario con el fin de recibir algo a cambio y al tráfico de influencias, que acarrea uno de los peores flagelos de la sociedad como lo es la corrupción que afecta a toda lo sociedad.

La ley 27401 contiene una conexión directa con el concepto de *compliance*, ya que presenta como un atenuante para empresas penalmente responsables, el hecho de contar con un "programa de integridad" al que define como el conjunto de acciones, mecanismos y procedimientos internos de promoción de la integridad, supervisión y control, orientados a prevenir, detectar y corregir irregularidades y actos ilícitos comprendidos por esta ley. En mi opinión debería ser obligatorio que todas las sociedades puedan contar con un programa de integridad, ética donde todos puedan desarrollar y fomentar medidas para evitar que dicha organización ocurra estos ilícitos, aunque por el momento solo sea obligatorio para las empresas que quieran contratar con el Estado.

Las leyes están dadas en nuestro país solo falta aplicarlas y sobre todo que se sancione la falta de cumplimiento de estas, por parte de los jueces sin importar el estatus social, ni el respaldo económico y político que tengan los imputados.

Referencias bibliográficas y artículos.

- Acevedo M., A. M. (2015). Derecho Privado Sociedades y otras formas de organización jurídica de la empresa. Ed. La ley.

- Galgano, F. (1984). Trattato Di Diritto commerciale E Di Diritto Pubblico Dell " Economia. Padua: Cedam.

- Garcia De Enterría, J. (2016). Los Delitos societarios "un enfoque mercantil. Madrid: Civitas.
Heredia, F. (1997). Ilícitos societarios, tendencias en el derecho comparado y situación en la República Argentina. Ediciones de Palma.

- Ilharrescondo, J. M. (2008). Delitos societarios. Buenos Aires: La ley.

- Infobae. (03 de 06 de 2021). Un empleado de sistemas estafó a la empresa donde trabajaba y le robó $12 millones para invertirlos en criptomonedas, págs. https://www.infobae.com/sociedad/policiales/2021/06/03/un-empleado-de-sistemas-estafo-a-la-empresa-donde-trabajaba-y-le-robo-12-millones-para-invertirlos-en-criptomonedas/.

- Ley de Responsabilidad Penal de las personas jurídicas (27401)

- Maiz, L. (12 de 05 de 2021). "El interés social y otros intereses a tener en cuenta" https://dobetter.esade.edu/es/interes-social?_wrapper_format=html.

- Mascheroni, F. (1984). Sociedades Anónimas. Editorial Cangallo.

Racciatti, H. (2010). "Regla de mayoría, conflicto societario". XI Congreso Argentino de Derecho Societario, VII Congreso Iberoamericano de Derecho Societario y de la Empresa (pág. 365). mar de Plata: https://repositorio.uade.edu.ar/xmlui/bitstream/handle/123456789/1911/CDS11020353.pdf?sequence=1&isAllowed=y.

- Santo, V. D. (1999). Diccionario de ciencias Jurídicas, Políticas, Sociales y de Economía. Buenos Aires: Ed. Universidad.

Abadal - Barraza Hurtado - Chero - Escalada - Ferreira - Ibarra - Pereyra - Pio Capcha - Quispe
---

www.ingramcontent.com/pod-product-compliance
Lightning Source LLC
Chambersburg PA
CBHW060411220526
45465CB00008B/2837